TROMBONE
fácil

MÉTODO PRÁTICO PARA PRINCIPIANTES

Com todos os exercícios e melodias transcritos para bombardino e tuba

Lélio Alves

COORDENAÇÃO

Celso Woltzenlogel

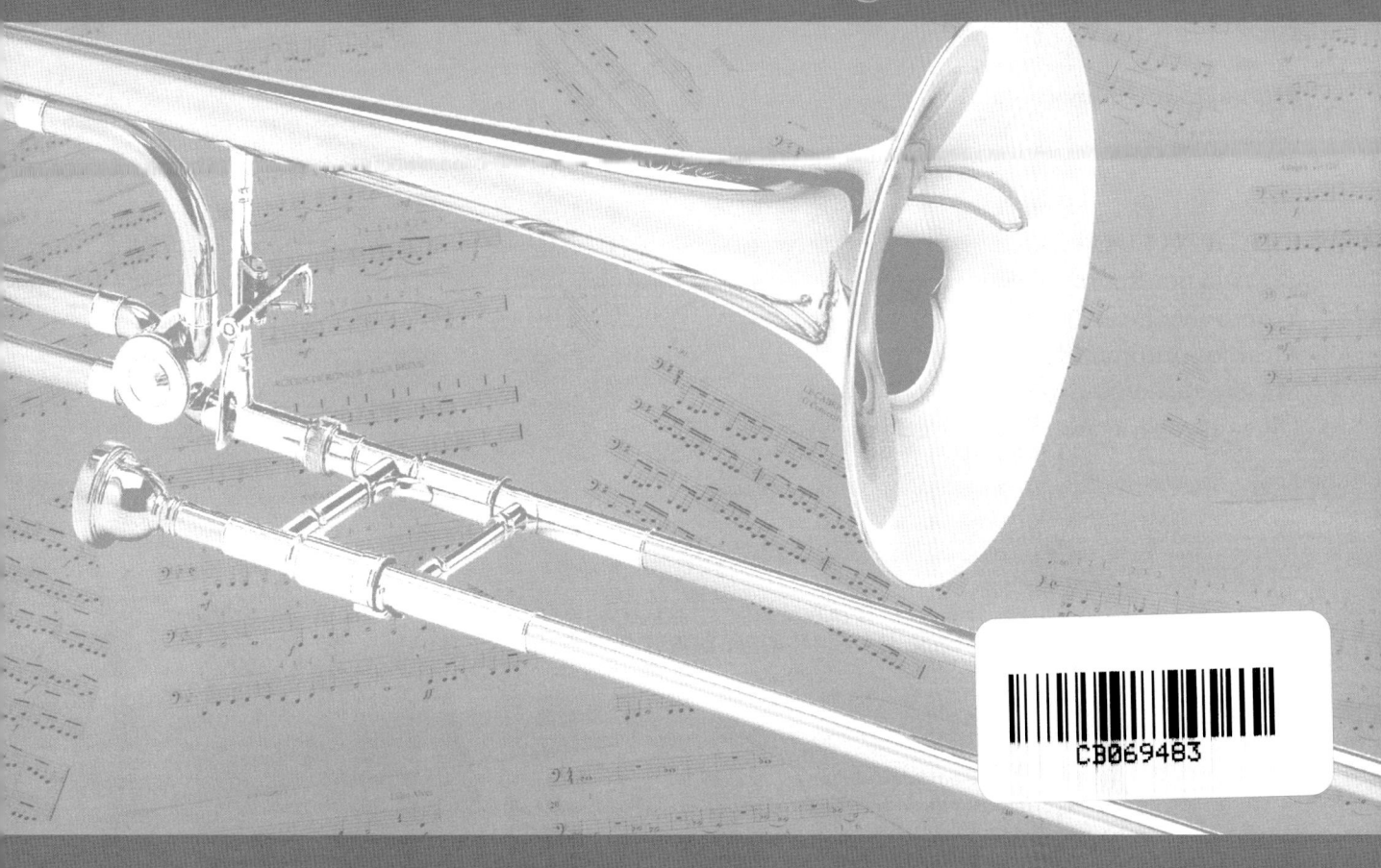

Nº Cat.: 426-M

Irmãos Vitale S.A. Indústria e Comércio
www.vitale.com.br
Rua França Pinto, 42 Vila Mariana São Paulo SP
CEP: 04016-000 Tel.: 11 5081-9499 Fax: 11 5574-7388

© Copyright 2013 by Irmãos Vitale S.A. Ind. e Com. - São Paulo - Brasil
Todos os direitos autorais reservados para todos os países. *All rights reserved.*

CRÉDITOS

Revisão Geral e Produção Musical
Celso Woltzenlogel

Editoração Eletrônica e Formatação Musical
Lélio Alves

Diagramação
Eduardo Wahrhaftig

Fotos
Ana Soares

Coordenação Editorial
Roberto Votta

Produção Executiva
Fernando Vitale

CRÉDITOS DO CD
Gravado por Rodrigo de Castro Lopes no Estúdio Verde – RJ
Trombone: Lélio Alves
Arranjos automatizados: Lélio Alves
Masterização: Rodrigo de Castro Lopes
Datas da gravação: 13 de abril e 25 de maio de 2014

CIP-BRASIL. CATALOGAÇÃO NA FONTE
SINDICATO NACIONAL DOS EDITORES DE LIVROS - RJ.

A48t

Alves da Silva, Lélio Eduardo, 1973-
   Trombone, fácil : método prático para principiantes / Lélio Alves. - 1. ed. - São Paulo : Irmãos Vitale, 2014.
92 p. : il. ; 30 cm.

Inclui índice
Acompanhado de CD
Introdução
ISBN 978-85-7407-425-2

1. Música. 2. Instrumentos musicais - Instrução e estudos. I. Título.

14-11223	CDD: 780
	CDU: 78

09/04/2014   16/04/2014

ÍNDICE

Sobre o autor	7
Introdução	8
Agradecimentos	9
Primeira parte	
História do trombone	11
Montando o trombone	12
Cuidados e manutenção do trombone	13
Postura com o trombone	14
Segunda parte	
História da tuba e do bombardino	15
Questões sobre o dedilhado	16
Montando a tuba e o bombardino	17
Cuidados e manutenção da tuba e do bombardino	18
Postura com a tuba e o bombardino	18
Terceira parte	
Embocadura	19
Respiração e coluna de ar	19
Os primeiros sons	20
Quarta parte	
Exercícios iniciais para o trombone e bombardino	21
Parte A – exercícios, estudos e melodias	29
Parte B – exercícios, estudos e melodias	41
Quadro de posições - trombone e bombardino	57
Quinta parte	
Exercícios iniciais para tuba	59
Parte A - exercícios, estudos e melodias	64
Parte B - exercícios, estudos e melodias	74
Quadro de posições - tuba em Si♭ e tuba em Dó	89

ÍNDICE DO CD

Faixa 01 - Si♭ (nota de referência)
Faixa 02 - Exercício 1
Faixa 03 - Exercício 1a
Faixa 04 - Exercício 1b
Faixa 05 - Exercício 1c
Faixa 06 - Exercício 2
Faixa 07 - Exercício 3
Faixa 08 - Exercício 4
Faixa 09 - Exercício 5
Faixa 10 - Exercício 6
Faixa 11 - Exercício 7
Faixa 12 - Exercício 8
Faixa 13 - Exercício 9
Faixa 14 - Exercício 10
Faixa 15 - Exercício 11
Faixa 16 - Exercício 12
Faixa 17 - Exercício 13
Faixa 18 - Exercício 14
Faixa 19 - Exercício 14a
Faixa 20 - Exercício 15
Faixa 21 - Exercício 16
Faixa 22 - Exercício 17
Faixa 23 - Exercício 18
Faixa 24 - Exercício 18a
Faixa 25 - Mary Had a Little Lamb
Faixa 26 - Mary Had a Little Lamb (playback)
Faixa 27 - Jingle Bells
Faixa 28 - Jingle Bells (playback)
Faixa 29 - Quantos dias têm o mês?
Faixa 30 - Quantos dias têm o mês? (playback)
Faixa 31 - Lightly Row
Faixa 32 - Lightly Row (playback)
Faixa 33 - Exercício 19
Faixa 34 - Exercício 20
Faixa 35 - Exercício 21
Faixa 36 - Exercício 22
Faixa 37 - Exercício 23
Faixa 38 - Exercício 24
Faixa 39 - Marcha, Soldado!
Faixa 40 - Marcha, Soldado! (playback)
Faixa 41 - Exercício 25
Faixa 42 - Exercício 27

Faixa 43 - Exercício 28
Faixa 44 - Capelinha de Melão
Faixa 45 - Capelinha de Melão (playback)
Faixa 46 - Can Can
Faixa 47 - Can Can (playback)
Faixa 48 - Estudo I
Faixa 49 - Exercício 32
Faixa 50 - O Cravo
Faixa 51 - O Cravo (playback)
Faixa 52 - Ode to Joy
Faixa 53 - Ode to Joy (playback)
Faixa 54 - Amazing Grace
Faixa 55 - Amazing Grace (playback)
Faixa 56 - Exercício 36
Faixa 57 - Aura Lee
Faixa 58 - Aura Lee (playback)
Faixa 59 - Estudo II
Faixa 60 - Exercício 39
Faixa 61 - Estudo III
Faixa 62 - Viva o Carnaval
Faixa 63 - Viva o Carnaval (playback)
Faixa 64 - Exercício 41
Faixa 65 - Exercício 42
Faixa 66 - Early One Morning
Faixa 67 - Early One Morning (playback)
Faixa 68 - Minueto
Faixa 69 - Minueto (playback)
Faixa 70 - Pomp and Circumstance
Faixa 71 - Pomp and Circumstance (playback)
Faixa 72 - Largo
Faixa 73 - Largo (playback)
Faixa 74 - Nesta Rua
Faixa 75 - Nesta Rua (playback)
Faixa 76 - The Happy Farmer
Faixa 77 - The Happy Farmer (playback)
Faixa 78 - Ó Abre – Alas
Faixa 79 - Ó Abre – Alas (playback)
Faixa 80 - Finlândia
Faixa 81 - Finlândia (playback)
Faixa 82 - The Swan
Faixa 83 - The Swan (playback)
Faixa 84 - Estudo IV
Faixa 85 - Twinkle, Twinkle, Litlle Star
Faixa 86 - Twinkle, Twinkle, Litlle Star (playback)

Faixa 87 - Le Cabriolet
Faixa 88 - Le Cabriolet (playback)
Faixa 89 - Pilgrim´s Chorus from Tannhauser
Faixa 90 - Pilgrim´s Chorus from Tannhauser (playback)
Faixa 91 - Lua Branca
Faixa 92 - Lua Branca (playback)

SOBRE O AUTOR

LÉLIO ALVES iniciou seus estudos em 1985 na Banda de Concerto da Fundação Educacional de Volta Redonda (FEVRE) tocando trombone de pistões. Na Instituição ele exerceu a função de auxiliar de mestre de música e atualmente leciona como professor convidado. Em 1992 ingressou como músico na Banda Sinfônica do Corpo de Bombeiros do Estado do Rio de Janeiro, cargo no qual permaneceu até ser aprovado em 1º lugar para professor de instrumentos de sopro da Fundação de Apoio à Escola Técnica (onde fundou a Banda de Concerto da FAETEC-Marechal Hermes).

Graduou-se em trombone pela Universidade Federal do Rio de Janeiro em 1997, e anos mais tarde, em tuba (bombardino). Concluiu o curso de Docência Superior na Faculdade Béthencourt da Silva (FABES-RJ), Formação Pedagógica na FAETEC e o mestrado em música na UFRJ. No mestrado, elaborou um catálogo temático de obras para trombone, referência no meio trombonístico. Foi aprovado em 1º lugar no concurso para professor de música do município do Rio de Janeiro onde atuou por cerca de um ano e meio. Na Escola de Música da UFRJ exerceu a função de professor substituto de trombone regendo o grupo de metais e sendo responsável pelo Quinteto de Metais da Instituição. Defendeu, em 2010, sua tese de doutorado na Universidade Federal do Estado do Rio de Janeiro (UNIRIO) onde propôs a transformação do ensaio de uma banda de música escolar em um Ensaio-Aula.

Atualmente é o trombonista principal da Orquestra Sinfônica da Bahia (OSBA) e professor adjunto da Universidade Federal da Bahia (UFBA). Atua como professor colaborador no Programa Acadêmico de Pós-Graduação (PPGMUS) e como professor permanente no Mestrado Profissional (PPGPROM), ambos na UFBA. Nesta Universidade fundou a Orquestra de Música Popular da UFBA (UF*Band*). É professor e coordenador do Curso de Licenciatura em Música e da Pós-Graduação em Educação Musical do Instituto Brasileiro de Educação Superior Continuada (IBEC). Exerce a função de professor de instrumentos de metal e de regente (fundador) da Banda Sinfônica Regional do Programa de Integração pela Música (PIM). Durante vários anos tem participado como professor de trombone do Festival Vale do Café e do Fórum de Música, Educação, Gestão e Cidadania, ambos realizados na cidade de Vassouras-RJ.

Tem atuado como solista em várias oportunidades em espaços como a Sala Cecília Meireles e em concertos pelo interior do Estado do Rio de Janeiro e da Bahia, onde tem buscado o resgate de obras brasileiras para trombone solista. Integra atualmente o Quinteto de Metais da UFBA e o Grupo *Belle Époque*.

INTRODUÇÃO

Inicialmente, gostaria de agradecer ao professor Celso Woltzenlogel pelo convite para a prazerosa tarefa de escrever esta proposta de ensino. Para mim, sempre foi uma honra ouvi-lo como músico e educador, e seu convite veio ao encontro de meu antigo desejo de escrever sobre a iniciação em instrumentos de metal. Após buscar entender conceitos, confrontar ideias e diferentes maneiras de ensinar os instrumentos de metal, procurei apresentar um método que introduzisse de forma gradativa os conceitos da técnica instrumental, as notas musicais, novos ritmos, um pouco de trabalho de criatividade e conceitos de teoria musical. As melodias introduzidas desde o princípio têm o intuito de proporcionar o prazer de tocar, evitando frustrações iniciais, fato bastante comum quando o aluno enfrenta as primeiras dificuldades. Espero, assim, que este método possa incentivar os iniciantes neste primeiro passo rumo ao estudo do trombone, do bombardino e da tuba. Ele pode ser utilizado tanto para o ensino coletivo quanto para o ensino individual. As posições colocadas acima das notas foram escritas para o trombone (Si♭), bombardino (Si♭) e para a tuba (Si♭). É importante destacar que os exercícios para tuba foram transcritos para sua região (uma oitava abaixo do bombardino) no final do método. Eles não possuem os comentários teóricos e técnicos. Neste caso, o tubista deve recorrer aos comentários feitos para o trombone e para o bombardino. Caso o instrumento utilizado seja o bombardino ou a tuba com afinação em Dó será necessário observar as posições no quadro localizado no final do método. Este método vem acompanhado de um CD com 92 faixas, contendo 25 melodias com o áudio gravado pelo professor ao trombone e com os respectivos *playbacks* para o aluno tocar junto. O professor exemplifica ainda 4 estudos e 37 exercícios, dentre os 70 apresentados em todo o método. Os áudios gravados podem servir, inclusive, como referência para os alunos de tuba. Na faixa número 1 você terá a nota de referência para afinação: Sib. Observe no índice do CD a relação de todos os áudios. Obviamente, o método e o CD de acompanhamento não têm a pretensão de substituir o professor, porém são ótimos recursos didáticos na aprendizagem do instrumento.

AGRADECIMENTOS

Desde quando iniciei na Banda de Concerto da Fundação Educacional de Volta Redonda (hoje Banda de Concerto de Volta Redonda), aprendi com meus mestres, José Sérgio, Sarah Higino e Nicolau Martins de Oliveira, que deveria repassar o que aprendia mesmo sendo um iniciante. Ensinar tudo o que sabemos fortalece nosso conhecimento, desperta dúvidas e nos obriga a estudar sempre. Eles me ensinaram a ser um professor. Como trombonista, tive a felicidade de ter professores como Jacques Ghestem (que me ensinou as primeiras notas no trombone de vara) e Dalmário Oliveira (mestre na minha graduação e um grande amigo). Tive importantes aulas com Sérgio de Jesus e Wagner Politschuk, além de participar de *master classes* com grandes trombonistas brasileiros e estrangeiros, tais como: Werner Schrietter, Radegundis Feitosa, Jacques Mauger, Nathaniel Brickens, Don Lucas, Irvin Wagner, Janet Kagarice, Vern Kagarice, Per Brevig, Charles Vernon e Michel Becquet, entre outros. Além disso, devo ressaltar a imensa colaboração do amigo e grande professor João Luiz Areias que no decorrer do estágio docente do meu curso de doutorado na Universidade Federal do Estado Rio de Janeiro fez importantes colocações sobre a técnica de fazer música com o trombone, realizando também uma leitura crítica minuciosa antes da publicação deste método. Agradeço também ao amigo e talentosíssimo trombonista Eduardo Guimarães (Duda) pelas conversas informais sobre o trombone. Ao professor Marco Túlio, autor do método Saxofone Fácil, por passar valiosas informações sobre edição musical e gravação. Ao professor Renato Costa Pinto, tubista da Orquestra Sinfônica da Bahia, pelas importantes observações neste trabalho.

Primeira parte
HISTÓRIA DO TROMBONE

Estudos apontam que o surgimento do trombone de vara ocorreu no século XV (entre 1420 e 1440). Conhecido até o século XVIII como sacabuxa, ele provavelmente foi um descendente dos trompetes de vara da Renascença que emitiam quatro séries harmônicas. O mais antigo trombone existente está localizado em Nuremberg e foi construído em 1551 pelo fabricante de instrumentos Erasmus Schnitzer. Já a mais antiga descrição detalhada do trombone aparece na pintura de Felippino Lippi *"The Assumption of the Virgin"* (datada entre 1488 -1493). Ela se encontra na igreja de Santa Maria sopra Minerva, localizada em Roma. Os sacabuxas do século XV não possuíam bombas para retirar saliva e nem curvas de afinação. Além disso, a campana e o calibre dos instrumentos eram bem menores. Entre o século XVI e XVII o trombone desempenhava suas funções nas cortes reais e na igreja. O importante compositor, Giovanni Gabrieli (c.1557-c.1612) foi um dos primeiros a utilizar o trombone na música de concerto. Ele chegou a ter seis trombonistas à sua disposição em Veneza, na Basílica de São Marcos. Outro compositor veneziano de destaque, Monteverdi (1567-1643), utilizou o trombone em sua ópera *Orfeo*. No período Clássico, Mozart (1756-1791) demonstrou importantes características do trombone ao utilizá-lo em peças sacras, em seu *Réquiem* e nas óperas *Don Giovanni* e *Flauta Mágica*. Entretanto, foi com a sua utilização na *5ª Sinfonia* de Beethoven (1770-1827) que o naipe de trombones passou a atuar fixamente na orquestra sinfônica.

A família do trombone é bastante extensa: nela encontramos os raros trombones piccolos e os sopraninos, utilizados somente em grandes corais. Há ainda o trombone soprano, que soa uma oitava acima do tenor em Si♭, e é normalmente executado por trompetistas. Já o trombone alto (Mi♭) ainda é utilizado em peças orquestrais, embora muitos trombonistas optem por utilizar o tenor. Ou seja, o naipe da orquestra atualmente é formado por 2 ou 3 trombones tenores (podendo um ser o alto) e um trombone baixo. O trombone contrabaixo, muito raramente utilizado e que soa uma oitava abaixo do trombone tenor, também deve ser destacado. Outro tipo de trombone é o que utiliza válvulas ou pistões. Ele é conhecido como trombone de pisto ou trombone de pistões e é muito utilizado na música popular e em bandas escolares.

Em relação ao repertório solo é interessante citar a peça *La Hieronyma* (*Musicali melodiae*, 1621) composta pelo trombonista G.M.Cesare. Há ainda a obra escrita por Francesco Rognani Taeggio, que inclui em seu livro *Selva de varii passaggi* (1620), uma peça com a rubrica *"per il violone over trombone ala bastarda"*. Podemos citar ainda uma sonata de autor desconhecido, encontrada na Boêmia, escrita por volta de 1660. No século XVIII há os concertos para trombone alto compostos por Wagenseil (1715-1777) e por Albrechtsberger (1736-1809). É interessante citar também o Concerto duplo para trombone alto e trompa, de Michael Haydn (1737-1806) e uma peça extraída de uma serenata de Leopold Mozart (1719-1787).

No século XIX o violinista e compositor Ferdinand David (1810-1873) escreveu um dos mais tradicionais concertos para trombone e orquestra. Outro importante compositor, Rimsky Korsakov (1844-1908), compôs o mais conhecido Concerto para trombone e banda. No século XX, peças como o Concerto de Launy Grøndahl (1886-1960), a Sonata de Paul Hindemith (1895-1963), a *Ballade* de Frank Martin (1890-1974), além dos tradicionais *Morceau Symphonique* de Alexandre Guilmant (1837-1911) e a *Cavatine* de Camille Saint-Saëns (1835-1921). No Brasil, Francisco Braga (1868-1945) compôs, entre os anos de 1906 e 1907, *Anoitecendo...*, identificada até o momento, como a primeira peça brasileira para trombone e piano (embora tenha sido editada para violoncelo). Peças como os *Três Estudos para Trombone (a varas)* de José Siqueira (1907-1985), o *Concerto* (1983) de Ernst Mahle (1921), o *Andante* de Osvaldo Lacerda (1927-2011) são importantíssimas para o repertório do trombone. Entretanto, o grande compositor brasileiro de obras para trombone solo e trombone e piano foi Gilberto Gagliardi (1922-2001), com cerca de 35 obras e vários métodos para trombone.

No jazz, no samba, no choro e na música de maneira geral, o trombone ocupa papel de grande destaque. Excelentes músicos contribuíram e ainda contribuem para que o trombone seja considerado cada vez mais como um instrumento solista: Arthur Pryor, Antoine Dieppo, Carl Traugott Queisser, Joseph Alessi, J.J. Jonhson, Michael Becquet, Christian Lindberg, Urbi Green, Branimir Slokar, Charles Vernon, Jay Friedman, dentre inúmeros outros.

No Brasil, vários trombonistas merecem destaque, entretanto citaremos *in memoriam* os nomes que fizeram história deste instrumento: Abdon Lyra, primeiro professor de trombone da UFRJ e autor da *Fantasia* para trombone e orquestra; Manoel Antônio da Silva, formador de importante classe de trombones na UFRJ; Candinho trombone, importante músico e compositor de choro; Manoel Araújo, Macaxeira, os irmãos Edson e Ed Maciel, pelo destaque dentro da música popular; Radegundis Feitosa, primeiro doutor em trombone na América Latina; Paulo Lacerda, criador de uma geração de trombonistas em Minas Gerais. E como não poderíamos deixar de citar, Raul de Barros, o trombonista que fez da música *Na Glória*, o hino dos trombonistas brasileiros.

MONTANDO O TROMBONE

1. Em primeiro lugar é importante verificar se a vara do trombone está travada.

2. Segure a vara com a mão direita e o receptor da vara (parte do trombone que tem a campana) com a esquerda. Enrosque a campana na vara, fazendo um ângulo de cerca de 90 graus (o ângulo pode variar, de forma que fique confortável para o trombonista).

3. Coloque o bocal sem que ele seja forçado. Veja na figura a seguir as partes do trombone (fig. 1).

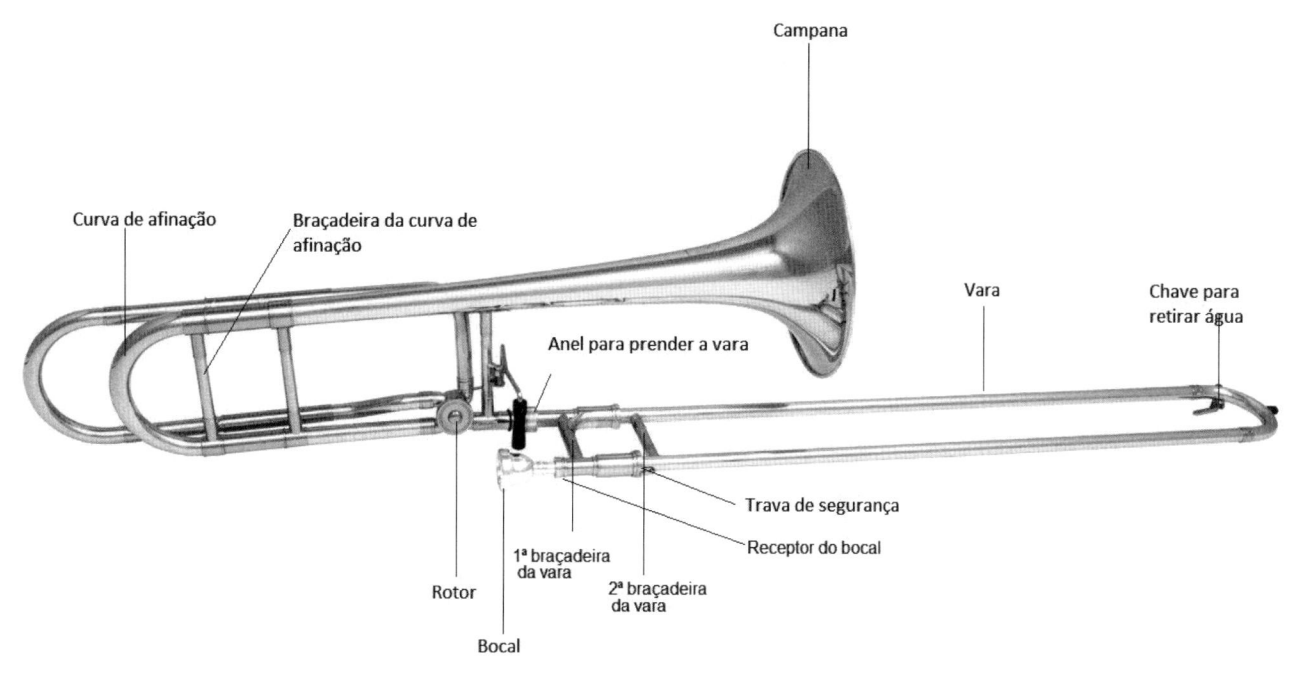

Figura 1 - Partes do trombone

CUIDADOS E MANUTENÇÃO COM O TROMBONE

1. Limpe a vara do trombone e utilize um creme ou óleo para facilitar que a vara deslize. Dentre os produtos mais utilizados estão: *Slide-o-Mix*, *Reka Super Slide*, *Trombontine*, além de cremes e óleos da *Bach*, *Weril* e *Yamaha*. A maior parte dos produtos exige que se utilize água para complementar a lubrificação. O creme deve ser colocado na parte final da vara, denominada bucha.

2. Utilize também uma graxa para lubrificar a curva de afinação. Cuidado, pois a graxa (*Tuning slide grease*) é um produto para as curvas e não para a vara do trombone. Há inúmeras marcas de graxas para as curvas, tais como as fabricadas pelas *Bach*, *Weril* e *Yamaha*.

3. Para limpar por dentro da vara interna utilize um pano que não solte fios. Ele será utilizado envolto em uma vareta de ferro. Este procedimento deve ser feito com cuidado e, de preferência, demonstrado pelo professor, para que o pano não fique agarrado na vara interna.

4. As varas interna e externa podem ser lavadas com água morna e sabão líquido para instrumentos de metal (*Brass Soap*, por exemplo, ou detergente neutro para quem não tem acesso a outro produto).

5. Use um pano macio para limpeza externa do instrumento.

6. Por questões de higiene é importante que o bocal seja lavado após o uso.

POSTURA COM O TROMBONE

1. Ao tocar sentado, mantenha os pés no chão e sente-se ereto (fig. 2).

2. Mão esquerda: peso do trombone na mão esquerda. Dedo indicador no receptor do bocal, polegar no braço da campana e os outros dedos segurando a primeira braçadeira da vara do trombone (fig. 3).

3. Mão direita: os dedos indicador e médio da mão direita seguram a vara para movimentá-la, com apoio do dedo polegar. A palma da mão direita deve estar com o interior voltado para seu corpo, como se estivesse segurando uma bola de tênis de mesa ou de gude. O antebraço movimenta a vara e o punho pode ser usado para pequenas correções nas posições (fig. 4).

Figura 2 - Postura ao tocar sentado

Figura 3 - Mão esquerda ao segurar o trombone

Figura 4 - Mão direita

4. Cabeça ereta. Leve o trombone até a boca, evitando curvar o pescoço para frente ou para os lados.

5. Evite encostar os braços na caixa torácica, para que os pulmões possam se expandir durante o processo respiratório.

6. O ângulo do trombone dependerá de sua embocadura, entretanto, é importante ressaltar que o pescoço nunca deve ser comprimido, independente do ângulo do trombone.

7. Ombros relaxados.

8. Ao tocar de pé, mantenha uma boa base. Evite deixar uma das pernas sem firmeza no chão (fig. 5).

Figura 5 - Postura ao tocar de pé

Segunda parte
HISTÓRIA DA TUBA E DO BOMBARDINO

A história do bombardino (eufônio) e da tuba não deve ser contada separadamente. Quando nos referimos à tuba, estamos tratando de toda uma família dos instrumentos que compreende tubas de vários tamanhos. Antes de tratarmos da tuba é interessante citarmos alguns importantes instrumentos que a antecederam. Inicialmente, havia o serpentão, criado por volta de 1590, provavelmente por Edmé Guillaume, e o oficleide, inventado em 1790 pelo francês Frichot. Os serpentões tinham um bocal de marfim e seis orifícios que depois foram substituídos por chaves. Já os oficleides, eram construídos de metal ou de marfim. Possuíam oito chaves, chegando posteriormente a dez. Havia oficleides de várias famílias e afinações.

A tuba (modelo em Fá) foi inventada em 1835 por Wilhelm Wieprecht e Johann Gottfried Moritz, embora alguns pesquisadores atribuam a invenção da primeira tuba ao construtor de instrumentos da Bohemia, Vaclav Cerveny, no ano de 1834. Logo depois disso, mais precisamente em 1845, o belga Adolph Sax, famoso por ser o inventor do saxofone e estabelecido em Paris, registrou a patente de uma família de instrumentos saxhorns que compreendia sete instrumentos: do saxhorn-soprano ao saxhorn-contrabaixo (em 1855 ele ainda inventou o saxhorn subcontrabaixo). Enquanto isso, na Itália, foi criada a família flicorni (flicorno, no singular), correspondente aos saxhorns, denominados de acordo com o tamanho. O primeiro simpósio de tuba realizado na Universidade de Indiana em 1973 substituiu o nome "tenor tuba" por *euphonium* (eufônio em português). O eufônio, popularmente conhecido no Brasil como bombardino, não é um instrumento de atuação fixa na orquestra. Quando há um solo para este instrumento normalmente ele é realizado pelo tubista ou por um dos trombonistas da orquestra (caso não seja contratado nenhum bombardinista externo). Neste método utilizaremos a denominação bombardino devido a sua popularidade no Brasil.

A dificuldade em diferenciar o bombardino e o barítono costuma ser outro questionamento pois são inúmeros os modelos destes instrumentos. O bombardino diferencia-se do barítono porque possui a tubulação mais larga. Além disso, o barítono possui o tubo praticamente cilíndrico e campana menor. Embora o bocal possa variar de tamanho, geralmente o utilizado no barítono é menor. Três interessantes modelos de tubas merecem ser destacados pela inovação: o Helicon, inventado na Rússia em 1945; o Souzafone, criado no final do século XIX, que teve sua construção incentivada pelo compositor e mestre de banda, John Philip Sousa e as Tubas Wagnerianas, criadas pelo compositor Richard Wagner no fim do século XIX, para apresentar um timbre entre a trompa e o trombone.

Devido ao fato da tuba ter sido inventada em 1835, o seu repertório solo somente começou a ser composto bem mais tarde. O mais conhecido Concerto para tuba e orquestra foi escrito em 1955 por Ralph Vaughan Williams (1872-1958) e a primeira Sonata para tuba e piano, em 1956, por Paul Hindemith (1895-1963). Nomes como Arnold Jacobs na tuba e Steven Mead no bombardino são verdadeiras referências destes instrumentos no mundo. No Brasil, *in memoriam*, podemos citar, por exemplo, o tubista Matuzalém de Oliveira no Rio de Janeiro e em São Paulo, o americano Donald Smith.

QUESTÕES SOBRE O DEDILHADO

Bombardinos afinados em Si♭ ao lerem partitura para instrumentos em Dó
Existem duas maneiras de se ensinar o dedilhado para bombardinos afinados em Si♭: a primeira, onde o músico aprende que o Dó2 (som real Si♭) é tocado sem apertar nenhum pistão e ele transpõe ao ler a partitura (alguns músicos denominam este processo como leitura da nota fantasma), ou seja, ele vê o Si♭ escrito e faz a posição um tom acima (Dó, sem apertar os pistões ○○○). A outra seria a maneira em que o músico aprende o dedilhado já transposto, ou seja, ele aprende que para executar o Dó2 escrito, por exemplo, a posição a ser empregada exige que se pressione os pistões 1 e 3 (●○●). Nesta segunda maneira é desnecessário transportar lendo e o músico denomina as notas como são realmente ouvidas (Dó, apertando os pistões 1 e 3 ●○●). Neste método optamos por utilizar a segunda maneira porque entendemos que tocar o som real, sem a necessidade de fazer o transporte na leitura, é mais produtivo no momento da aprendizagem, além do fato da nomenclatura (1ª posição ○○○, por exemplo) servir tanto para o trombone de vara quanto para o bombardino. Entretanto, devemos ressaltar que o aprendizado da primeira

maneira facilita a mobilidade do músico iniciante entre diferentes instrumentos de metal. No bombardino, trompete ou tuba, a posição com os pistões 1 e 3 pressionados (●○●) será sempre denominado de nota Ré, facilitando a memorização do dedilhado.

Bombardinos afinados em Si♭ ao lerem partitura para instrumentos em Si♭
Neste caso, a aprendizagem do dedilhado tradicional (executar o Dó sem apertar nenhum pistão) seria o mais adequado.

Bombardinos afinados em Dó ao lerem partitura para instrumentos em Dó
Neste caso, a aprendizagem do dedilhado tradicional (executar o Dó sem apertar nenhum pistão) seria o mais adequado.

Bombardinos afinados em Dó ao lerem partitura para instrumentos em Si♭
Neste caso, os músicos provavelmente aprenderam o dedilhado tradicional (executar o Dó sem apertar nenhum pistão) e eles devem transportar ao ler a partitura. Ou seja, ao lerem o Dó (som real Si♭) ele deve fazer a posição do Si♭ (um tom abaixo).

Considerações gerais
O importante na questão do dedilhado é que o aluno, juntamente com o seu professor, chegue ao consenso de qual seria o melhor caminho. Isto dependerá de fatores como: local da aprendizagem (em uma banda de música, conservatório...), tipo de ensino (coletivo ou individual), instrumento disponível e tradição do ambiente da aprendizagem. É aconselhável que, com o tempo e experiência, o músico saiba executar os dois dedilhados. Na verdade, o dedilhado é o mesmo, o que diferencia é a afinação do instrumento que tocará a peça e para qual afinação a obra foi escrita.

MONTANDO A TUBA E O BOMBARDINO

Montar a tuba é muito simples. Coloque o instrumento em seu colo, segurando-o com a mão esquerda e introduza o bocal no seu receptor, cuidadosamente. Deve-se ressaltar que existem alguns modelos de bombardino que possuem campanas que necessitam ser enroscadas. Veja na figura a seguir as partes da tuba (fig. 6) e do bombardino (fig. 7).

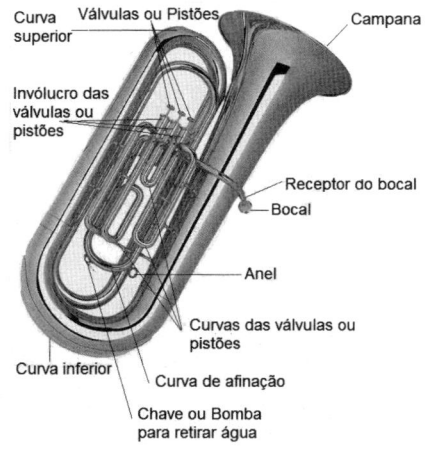

Figura 6 - Partes da tuba

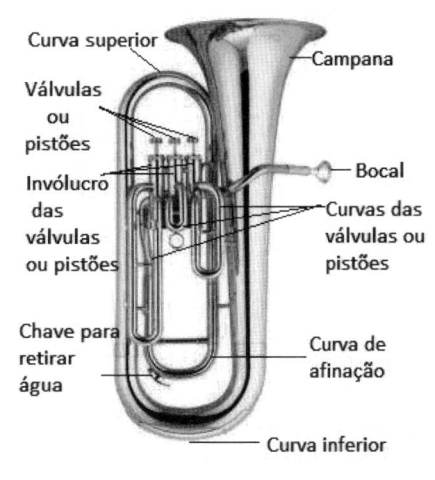

Figura 7 - Partes do bombardino

CUIDADOS E MANUTENÇÃO COM A TUBA E O BOMBARDINO

1. Coloque óleo nas válvulas ou pistões regurlamente. Os óleos normalmente utilizados são os fabricados pela Conn, Weril, Holton, Selmer e Yamaha, entre outros. É importante realizar a limpeza das mãos após a aplicação do óleo.

2. Coloque graxa nas curvas. Dentre os diferentes tipos de graxa podemos citar as fabricadas pela Conn, Holton, Weril, Selmer e Yamaha, entre outros.

3. Use um pano macio para a limpeza externa do instrumento.

4. Por medida de higiene é importante que o bocal seja sempre lavado após o uso.

POSTURA AO SEGURAR A TUBA E O BOMBARDINO

1. Ao tocar sentado mantenha os pés no chão e sente-se ereto (fig. 8).

2. Coloque a tuba (bombardino) em seu colo, segurando a base do instrumento com a mão esquerda. O uso da mão direita nos pistões facilitará o equilíbrio (figs. 8 e 9).

3. Os dedos da mão direita devem ficar relaxados e curvados naturalmente sobre as válvulas ou pistões. É importante ressaltar que os dedos não utilizados para o dedilhado devem ficar posicionados nos anéis, caso o instrumento os possua.

Figura 8 - Postura ao segurar o bombardino

Figura 9 - Postura ao segurar a tuba

Terceira parte
EMBOCADURA

1. Pronuncie "M".

2. Mantenha os cantos dos lábios firmes (sem apertar) e os lábios relaxados.

3. Os lábios devem estar umedecidos e o maxilar aberto e relaxado.

4. O bocal deve ficar centralizado na maior parte dos casos. Alguns instrumentistas preferem colocar o bocal um pouco mais acima. Outros o posicionam não muito centralizado. Se isso ocorrer devido a um problema na arcada dentária não haverá problema em colocar o bocal um pouco para o lado direito ou esquerdo.

Figura 10 - embocadura visão frontal

Figura 11 - embocadura visão lateral

RESPIRAÇÃO E COLUNA DE AR

Uma correta respiração é essencial no desenvolvimento da técnica dos instrumentistas de sopro. A respiração é formada por duas etapas: inspiração e expiração.

A inspiração (entrada de ar nos pulmões) mais indicada seria a realizada pelo nariz, entretanto, devido à necessidade de respirarmos rapidamente quando tocamos um instrumento de sopro, optamos pela inspiração realizada pela boca. Desta forma podemos pegar mais ar em menos tempo. Você deve pensar em deixar a garganta livre para a passagem do ar (pronuncie OH), evitando que a língua fique no caminho, e, independente da quantidade de notas a serem tocadas, INSPIRE BASTANTE. Ao inspirarmos devemos imaginar (lembre-se que o pulmão não tem divisões) que estamos enchendo um balde d'água, começando pela parte baixa do balde (pulmão) e em seguida as partes média e alta. É importante não levantar os ombros. Geralmente, ao respirar, o aluno encolhe a barriga e direciona o ar para a parte alta dos pulmões. Isto deve ser evitado.

Na expiração (saída de ar dos pulmões) a saída de ar deve ser realizada com controle e levando em conta o tamanho das frases a serem tocadas.

Uma boa dica é observar um recém-nascido que respira da maneira correta.

Resumindo:
1. Encontre a postura correta e relaxe.

2. Inspire pela boca, jogando o ar para a base dos pulmões como se estivesse enchendo um balde d'água. Mantenha os ombros relaxados e a "garganta aberta". Na primeira respiração você pode optar pela respiração pelo nariz.

3. Pronuncie a sílaba OH ao inspirar.

4. Faça uma respiração completa, pensando com se estivesse enchendo um balde d'água até a boca.

5. Controle o volume e a força da saída de ar de acordo com a frase que se pretende tocar.

6. Solte o ar suavemente. Uma maneira de perceber e treinar a saída do ar é colocar o lado contrário da palma de sua mão diante da boca para sentir a quantidade e velocidade da saída do ar.

OS PRIMEIROS SONS

1. Direcione a coluna (jato) de ar para o centro dos seus lábios, criando uma vibração (também conhecida como *buzz*), pronunciando a sílaba TÔ. Para evitar que os lábios fiquem dependentes demais do bocal no processo de criar a vibração, aconselhamos que inicialmente sejam realizados exercícios de vibração sem o bocal.

2. Ao emitir o primeiro som procure manter a nota o máximo de tempo possível.

3. A nota mais comumente emitida pelos trombones e bombardinos é o Fá 2 (Fá 1 para tuba). Entretanto, alguns alunos sentem mais facilidade para emitir o Si♭1 ou o Si♭2 (para as tubas = Dó -1 e Dó 1). Neste momento da emissão do som é aconselhável iniciar o trabalho com o método depois que sentir-se firme na execução do Fá. Caso tenha muita dificuldade para executar o Fá2 (Fá 1 para tuba) você poderá pular a parte inicial do método e iniciar do exercício 15 (série do Si♭ 1 para o trombone e Si♭ -1 para tuba) ou do exercício 19 (série Si♭ 1 para o trombone e Si♭ -1 na tuba). Veja no quadro a seguir:

FACILIDADE DE EMISSÃO INICIAL	TROMBONES, BOMBARDINO E TUBAS
Emissão inicial do Fá2 (Fá1 para tuba)	Inicie os estudos no exercício 1 do método.
Emissão inicial do Si♭2 (Si♭1 para tuba)	Inicie os estudos no exercício 15, com retorno depois ao exercício 1 do método.
Emissão inicial do Si♭1 (Si♭ -1 para tuba)	Inicie os estudos no exercício 19, com retorno depois ao exercício 1 do método.

Quarta parte
EXERCÍCIOS INICIAIS PARA TROMBONE E BOMBARDINO

APRENDENDO TEORIA MUSICAL

Paralelamente ao ensino prático do instrumento é importante entender alguns conceitos de teoria musical. Neste método estes conceitos serão apresentados de maneira gradativa e terão como intuito aliar o ensino prático ao teórico.

- Os símbolos musicais que indicam a duração dos sons são as figuras musicais. Quando elas indicam a altura de um som são chamadas de notas. Os silêncios são conhecidos como pausas. Estes sons e silêncios são escritos na pauta musical.

- Para organizar os valores musicais são utilizados os compassos. Para dividir o compasso em séries regulares de tempos são utilizadas as fórmulas de compasso. A fórmula de compasso define a quantidade e o tipo de figura. A barra de compasso divide os compassos. Quando a barra é dupla, indica o fim de um trecho musical.

- A altura das notas é determinada pela clave.

≡	**Pauta ou pentagrama:** conjunto de cinco linhas e quatro espaços onde as notas são escritas. As linhas e espaços são contados de baixo para cima.
|	**Barra de compasso:** separa os compassos.
||	**Barra final:** marca o final de uma música. Já a barra dupla simples || indica o fim de um trecho musical.
4/4	**Fórmula do compasso:** a fórmula de compasso quaternário significa que a música é agrupada de 4 em 4 tempos.
𝄢	**Clave de Fá:** indica que a nota escrita na quarta linha da pauta será denominada como Fá.
o	**Semibreve:** as figuras não possuem um valor fixo. Entretanto, em um compasso 4/4 o seu valor equivale a quatro tempos de som.
▬	**Pausa de semibreve:** equivale a quatro tempos de silêncio no compasso 4/4.
♩	**Mínima:** equivale a metade de uma semibreve. Dentro de um compasso 4/4 corresponde a dois tempos de som.
▬	**Pausa de mínima:** equivale a dois tempos de silêncio no compasso 4/4.

Indicação metronômica	Indica o andamento (velocidade) da música
,	A vírgula indica onde deve ser feita a respiração
(')	Respire somente se for necessário

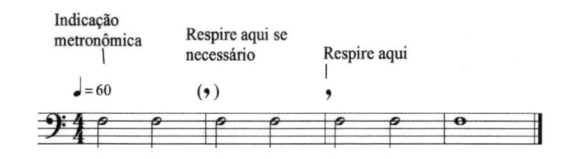

Primeiras notas - As notas mais fáceis de serem emitidas no trombone e no bombardino estão localizadas na primeira posição. Sem a necessidade de mover a vara ou apertar os pistões, você poderá se concentrar somente no processo de emitir o som. O Fá2 (Fá1 para tuba) normalmente é a nota que você toca ao ter o primeiro contato com o instrumento, embora o Si♭1 e o Si♭2 também sejam emitidos nas primeiras tentativas. As explicações feitas na primeira parte deste método devem ser utilizadas aqui. Ou seja, utilizar a coluna de ar para fazer com que os lábios vibrem e emitam o som, mantendo os cantos dos lábios firmes. Inicialmente, você pode emitir o som sem o auxílio da língua. Depois, pronuncie a sílaba TÔ. A língua sairá da posição localizada entre os dentes superiores e o palato (céu da boca) para articular cada nota.

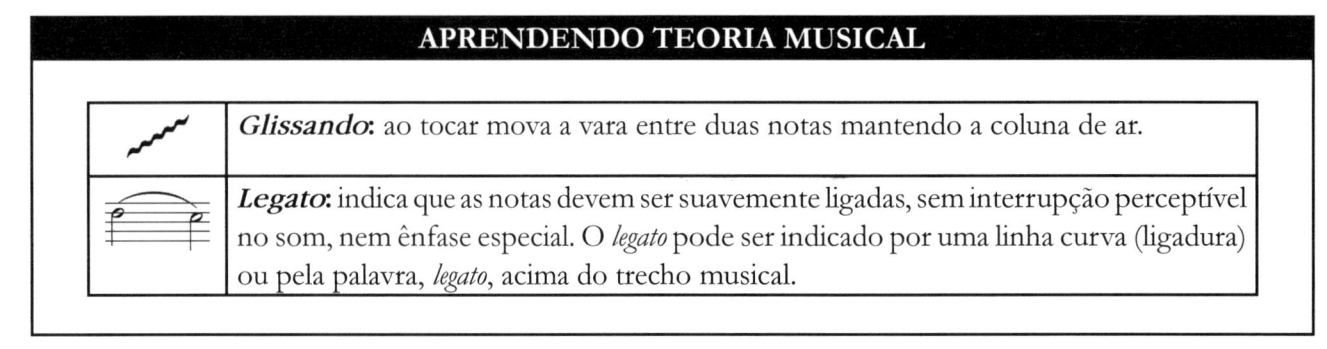

APRENDENDO TEORIA MUSICAL	
〰️	*Glissando:* ao tocar mova a vara entre duas notas mantendo a coluna de ar.
⌢	*Legato:* indica que as notas devem ser suavemente ligadas, sem interrupção perceptível no som, nem ênfase especial. O *legato* pode ser indicado por uma linha curva (ligadura) ou pela palavra, *legato*, acima do trecho musical.

Exercícios de *glissando* – TROMBONES - somente as primeiras notas da primeira posição devem ser articuladas. Ou seja, após você tocar o Fá deve-se deslizar a vara até o Mi, e assim por diante. **BOMBARDINOS** – o efeito produzido no bombardino será o *legato*. Este exercício facilitará a emissão das outras notas da série horizontal.

2ª posição - Mi 2

Trombone

Bombardino

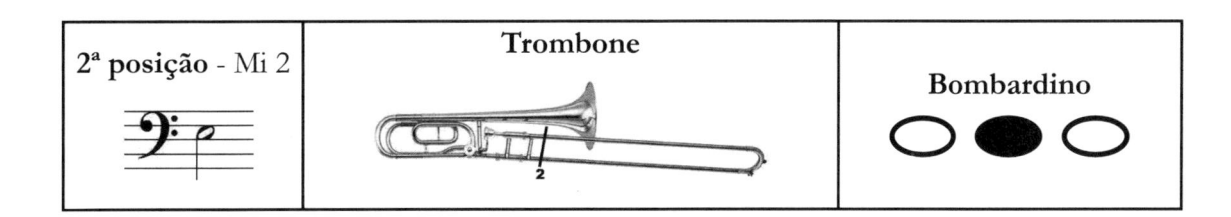

Todos os exercícios que não possuírem indicação do metrônomo deverão ser tocados com a semínima igual a setenta e dois.

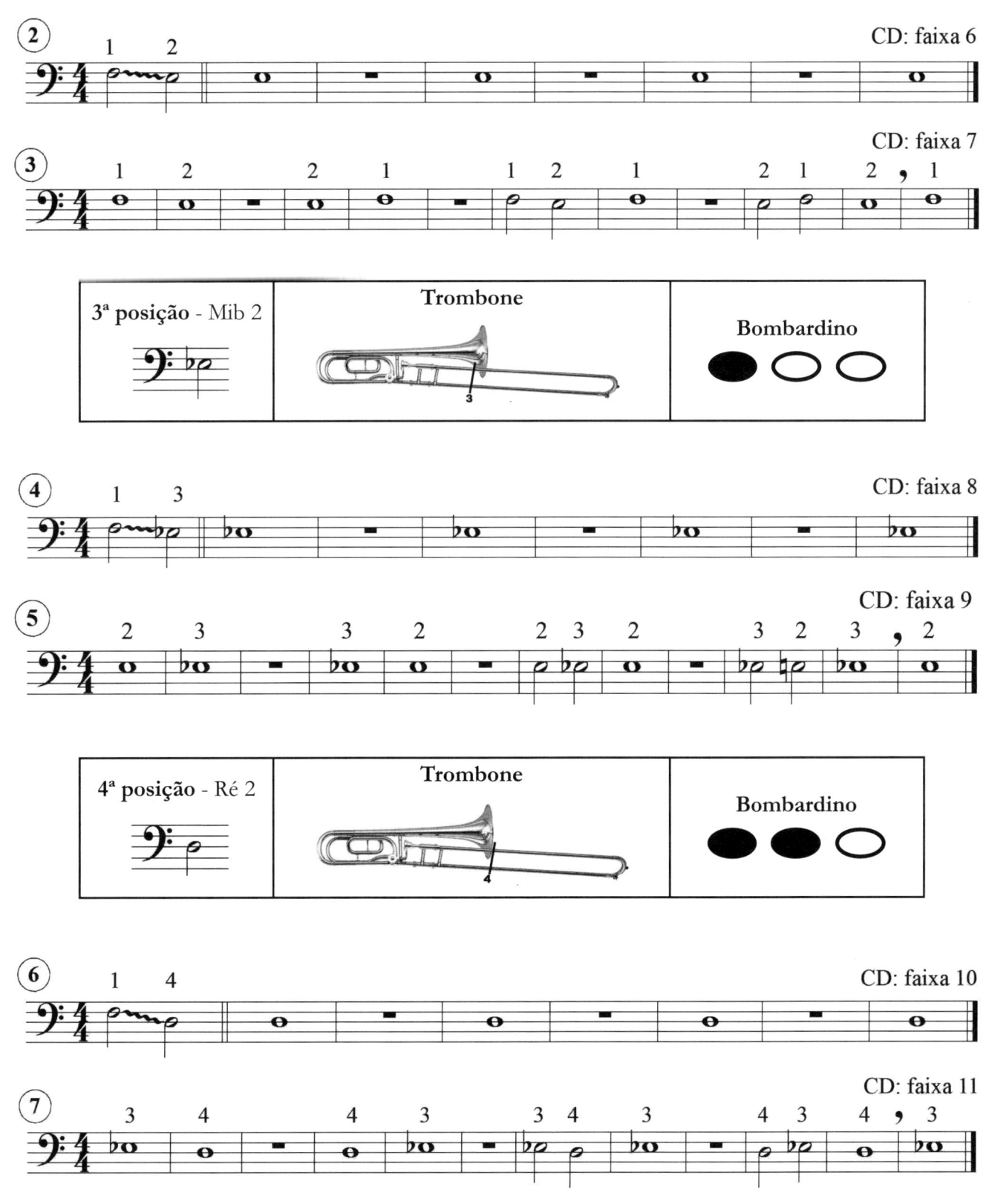

(2) CD: faixa 6

(3) CD: faixa 7

3ª posição - Mib 2

Trombone

Bombardino

(4) CD: faixa 8

(5) CD: faixa 9

4ª posição - Ré 2

Trombone

Bombardino

(6) CD: faixa 10

(7) CD: faixa 11

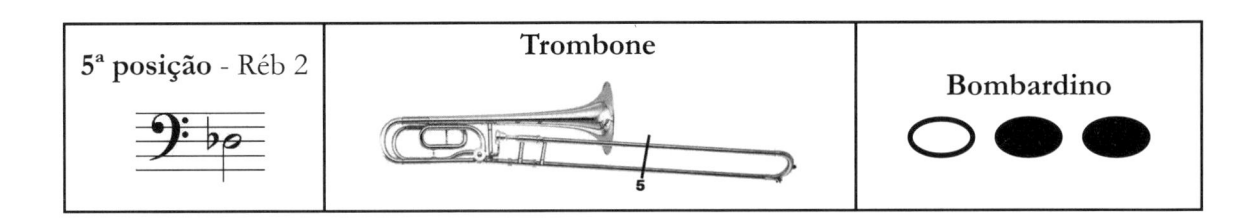

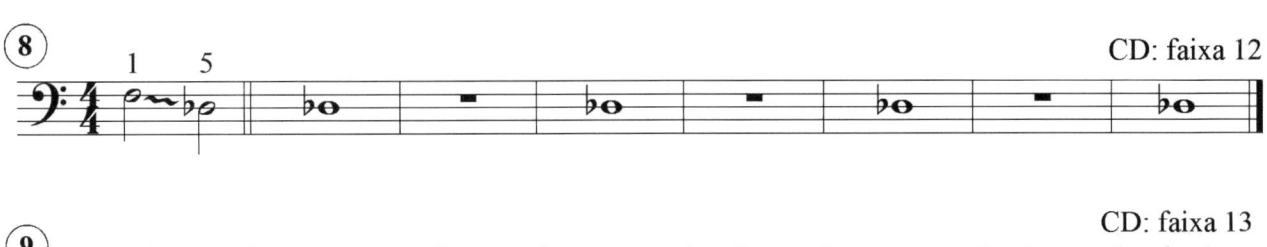

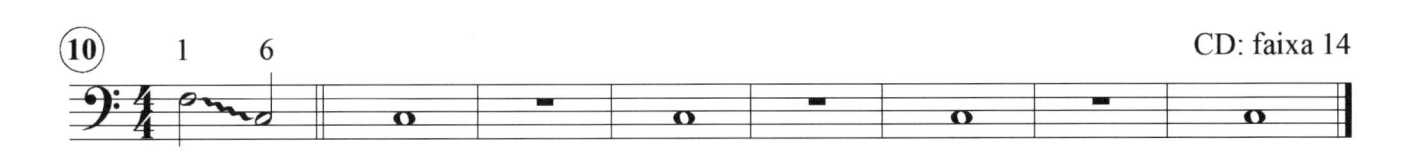

5ª posição - Réb 2 | Trombone | Bombardino

6ª posição - Dó 2 | Trombone | Bombardino

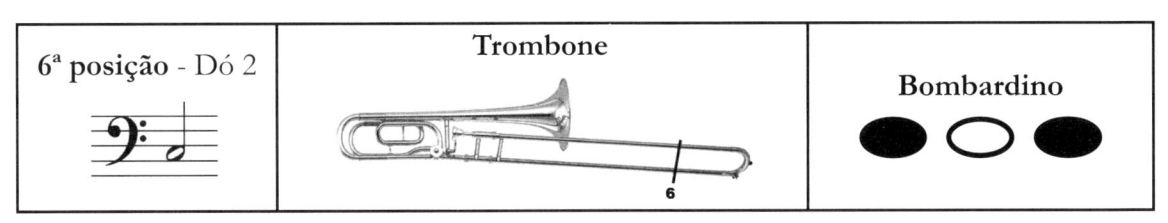

7ª posição - Si 1 | Trombone | Bombardino

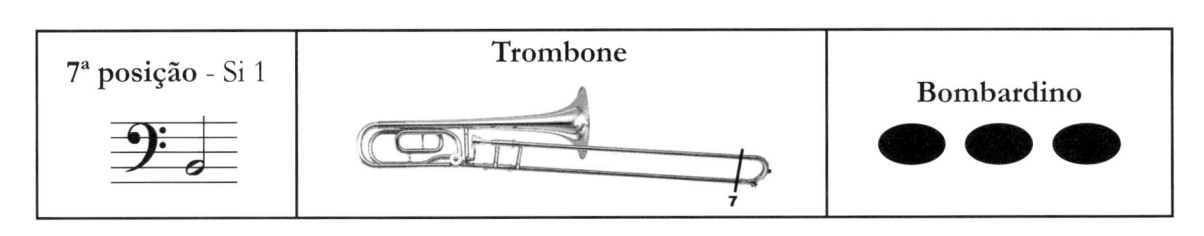

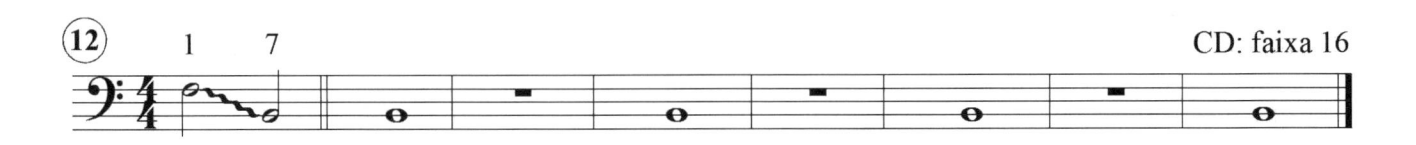

APRENDENDO TEORIA MUSICAL

♩	**Semínima:** equivale a metade de uma mínima. Dentro de um compasso 4/4 corresponde a um tempo de som.
𝄽	**Pausa de semínima:** equivale a um tempo de silêncio no compasso 4/4.

MARY HAD A LITTLE LAMB
Maria tinha um carneirinho

CD: faixas 25 e 26
Melodia tradicional americana

JINGLE BELLS

CD: faixas 27 e 28
James Lord Pierpont

♩ = 120

APRENDENDO TEORIA MUSICAL

Anacruse - tempo anterior ao primeiro compasso da música. Início anacrústico.

QUANTOS DIAS TEM O MÊS?

CD: faixas 29 e 30
Melodia tradicional brasileira

♩ = 108

LIGHTLY ROW
Remando suavemente

CD: faixas 31 e 32
Melodia tradicional germânica

♩ = 120

A seguir são apresentados os exercícios da segunda série horizontal (Si♭ 2). Caso você tenha maior facilidade em emitir o Si♭ 2 comece o método pelo exercício 19, seguindo até o 22. Depois retorne ao exercício 1.

(19) CD: faixa 33

20
CD: faixa 34
21
CD: faixa 35
22
CD: faixa 36
♩ = 80
23
CD: faixa 37
♩ = 80
24
CD: faixa 38

APRENDENDO TEORIA MUSICAL

𝅗𝅥.	**Ponto de aumento:** o ponto aumenta a metade do valor da figura.
♩‿♩	**Ligadura:** linha colocada acima ou abaixo das notas para indicar conexão. Quando as notas têm alturas diferentes, o efeito pretendido é o de *legato*. Quando colocada unindo duas notas de mesma altura ela exerce o papel de ligadura de prolongamento, ou seja, aumenta a duração da nota.
|:	***Ritornello*:** indica que você deve repetir tudo entre os dois *ritornellos*. Caso este apareça somente no lado direito você deve repetir do inicio da obra.
𝄐	***Fermata*:** indica que o som (ou silêncio) deve ser sustentado além do normal.

MARCHA, SOLDADO!

CD: faixas 39 e 40
Melodia tradicional brasileira

♩ = 100

Fim
2ª vez

APRENDENDO TEORIA MUSICAL
DINÂMICAS

f	Forte	*p*	Piano	*mf*	Meio forte
ff	Fortíssimo	*pp*	Pianíssimo	*mp*	Meio piano

APRENDENDO TEORIA MUSICAL
DINÂMICAS

< ou cresc.	Crescendo	> ou decresc.	Decrescendo

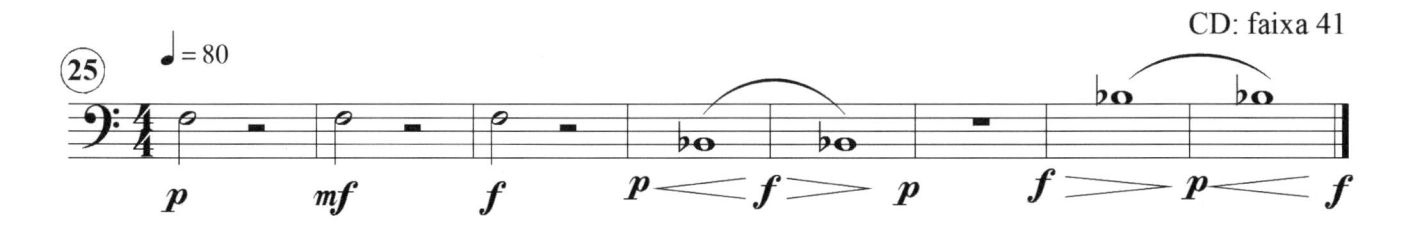

CD: faixa 41

♩ = 80

(25)

p   *mf*   *f*   *p* < *f* > *p*   *f* > *p* < *f*

PARTE A
Exercícios, estudos e melodias

APRENDENDO TEORIA MUSICAL	
𝄢♭	Indica quais notas devem ser tocadas com bemóis ou sustenidos. Neste caso o Si e o Mi são bemóis.
Tom e semitom	São as diferenças de alturas existentes entre duas notas musicais. O tom é igual ao dobro do semitom.
♭	**Bemol:** abaixa um semitom.
♯	**Sustenido:** eleva um semitom.
♮	**Bequadro:** anula as alterações realizadas pelo bemol ou pelo sustenido.
Escalas Maiores	Sucessão de oito notas formada por tons e semitons. A escala maior tem a fórmula de tons e semitons a seguir demonstrada:

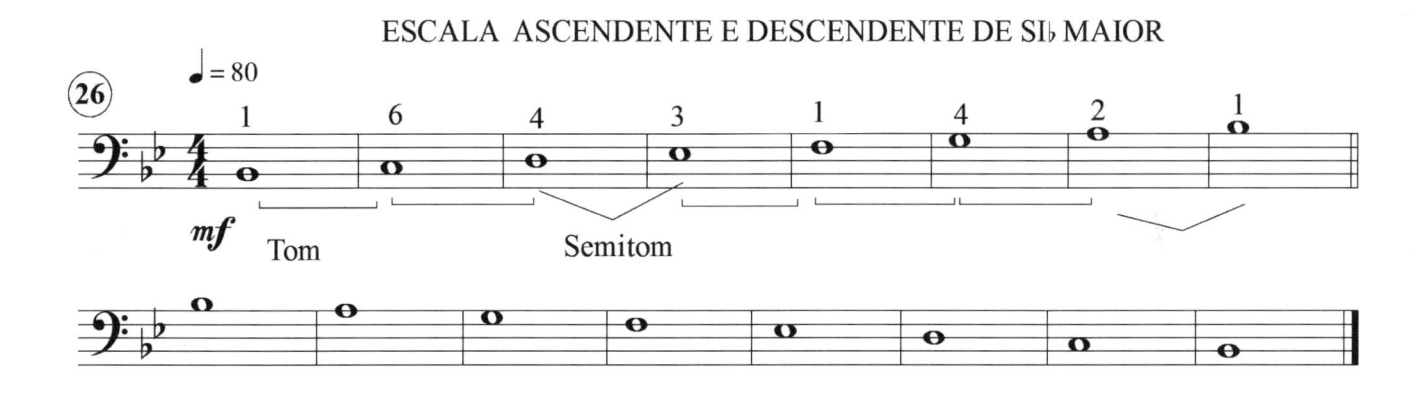

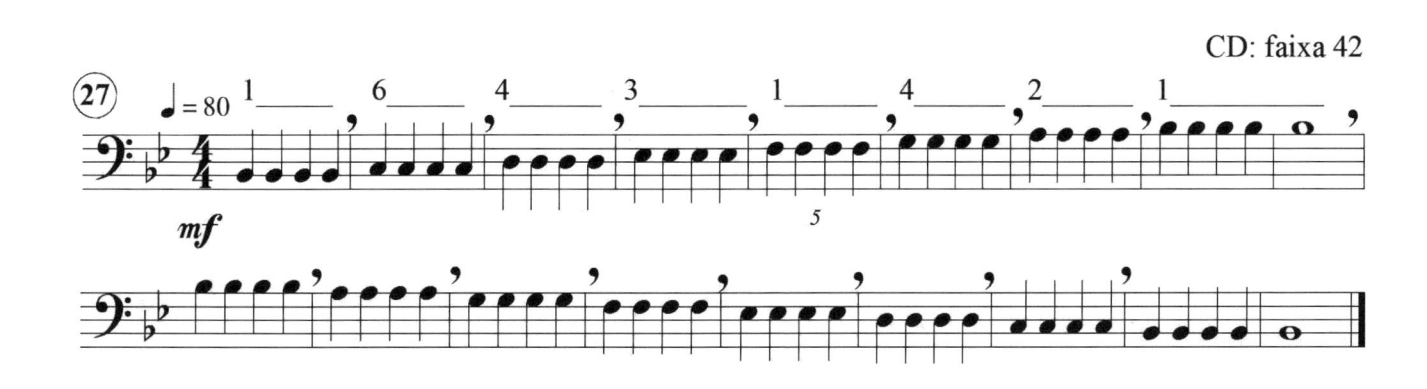

ESCALA ASCENDENTE E DESCENDENTE DE SI♭ MAIOR

CD: faixa 42

APRENDENDO TEORIA MUSICAL

Acentuação Métrica	Formada pelas acentuações fortes e fracas dos tempos dos compassos. O primeiro tempo de qualquer compasso é forte.
(exemplo musical)	**Síncopa:** quando a ênfase ocorre no tempo fraco do compasso.
Fórmula de compasso	A fórmula de compasso (C) é igual a 4/4
>	**Acento:** a nota deve ser tocada com ênfase e com um decrescendo ao fim.
∧	*Marcato:* a nota deve ser tocada com mais ênfase e sustentada até o fim.
.	*Staccato:* a nota deve ser tocada com metade do seu valor.
–	*Tenuto:* a nota deve ser sustentada até a próxima nota, sem intervalos.

Procure tocar o *staccato* com clareza neste exercício de síncopas. Nas peças e exercícios a seguir só haverá posições acima das notas quando for necessário, ou seja, para apresentar posições alternativas ou um determinado jogo de posições. Lembre-se dos estudos anteriores e divirta-se.

CD: faixa 43

(28) ♩ = 100

p   cresc.   *mf*

decresc.   *p*

3ª posição = Dó 3

ESCALA EM TERÇAS

(29) ♩ = 60

p

CAPELINHA DE MELÃO

♩ = 120

CD: faixas 44 e 45
Melodia tradicional brasileira

mf

APRENDENDO TEORIA MUSICAL

Indicações de andamento - Indica a velocidade aproximada em que a música é tocada.	
Allegro	Andamento rápido (entre 120 e 168 batidas* por minuto).
Moderato	Andamento moderado (entre 108 e 120 batidas por minuto).
Andante	Andamento um pouco mais lento que o moderato (entre 76 e 108 batidas por minuto).
Largo	Andamento lento (entre 40 e 60 batidas por minuto)
	* Indicação metronômica.

Allegro ♩ = 120

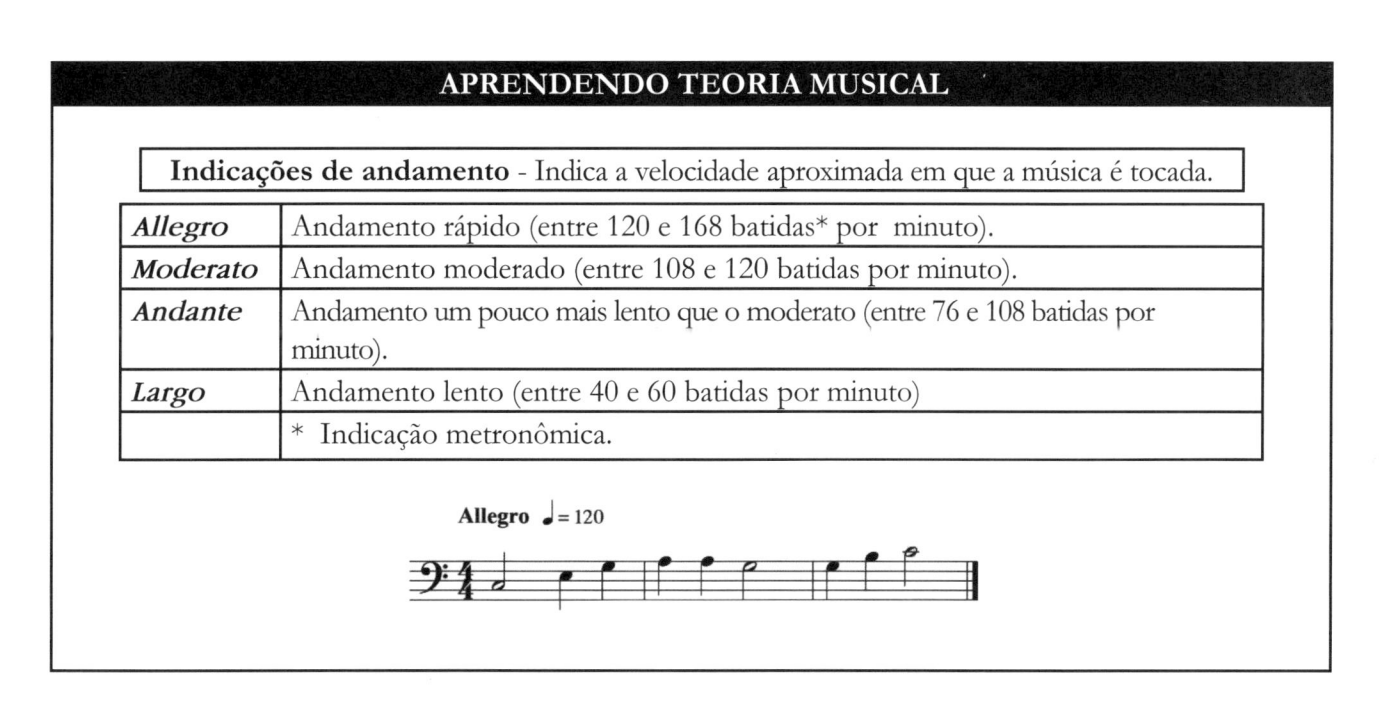

Can Can foi composta pelo compositor alemão do período Romântico, **Jacques Offenbach (1819-1880)**. Pesquise sobre o Romantismo e sobre a vida de Offenbach.

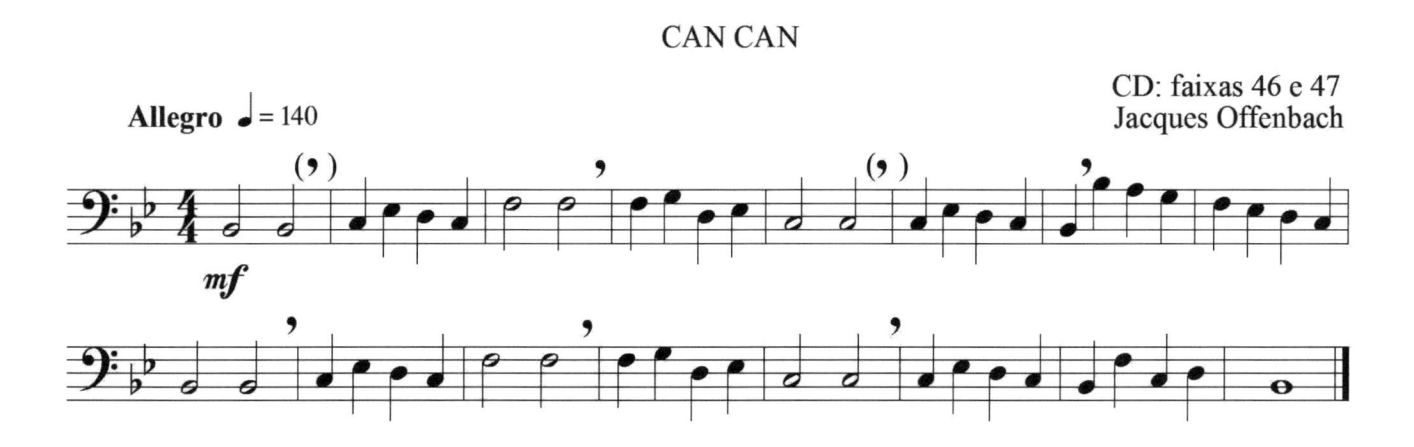

CAN CAN

Allegro ♩ = 140

CD: faixas 46 e 47
Jacques Offenbach

mf

Composição – componha uma melodia utilizando as notas da escala de Si♭ Maior. Utilize as figuras musicais que você aprendeu.

COMPOSIÇÃO I

ESTUDO I

CD: faixa 48
Lélio Alves

♩ = 120

APRENDENDO TEORIA MUSICAL

♪	**Colcheia**: equivale à metade de uma semínima. Dentro de um compasso 4/4 corresponde à metade de um tempo de som.
𝄾	**Pausa de colcheia**: equivale à metade de um tempo de silêncio em um compasso 4/4.
𝄢 3/4	**Ternário**: A fórmula de compasso ternário significa que a música é agrupada de 3 em 3 tempos.

ESCALA ASCENDENTE E DESCENDENTE DE FÁ MAIOR

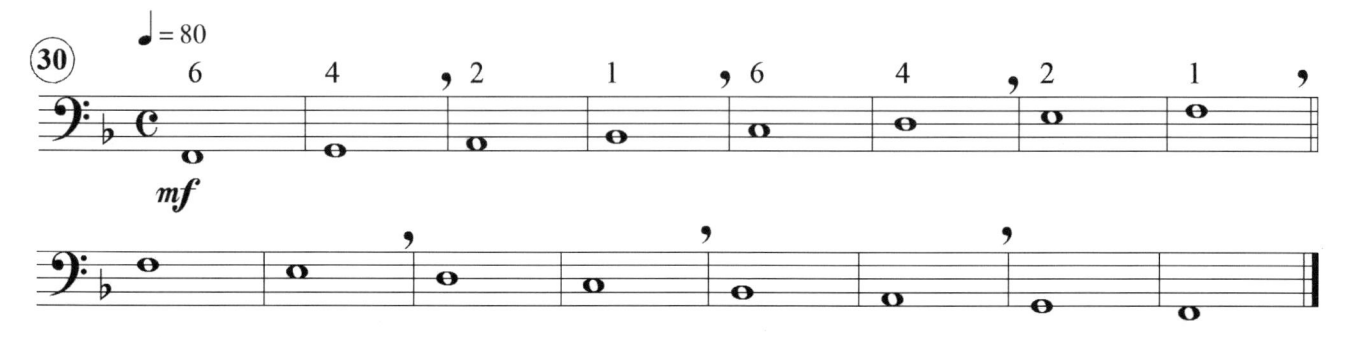

♩ = 80

Pratique primeiro o ritmo com as mãos e depois falando no exercício a seguir.

EXERCÍCIOS DE RITMO I - COLCHEIAS

ESCALA EM QUARTAS

CD: faixa 49

ESCALA EM QUINTAS

O CRAVO

CD: faixas 50 e 51
Melodia tradicional brasileira

♩ = 100

Ludwig van Beethoven (1770-1827) – compositor alemão autor de nove sinfonias e que continuou compondo mesmo depois de ter ficado surdo. É considerado o último dos compositores clássicos e o primeiro dos românticos.

ODE TO JOY
Hino à alegria

CD: faixas 52 e 53
L.V.Beethoven

Allegro ♩ = 120

APRENDENDO TÉCNICA

Posições alternativas e os harmônicos – consiste na possibilidade de tocar uma mesma nota em diferentes posições no instrumento. As posições alternativas normalmente não são ensinadas no inicio da aprendizagem do instrumento. Tocar uma nota em uma posição não habitual pode ser mais difícil para o instrumentista, entretanto, é importante ter conhecimento e capacidade de executá-las, aumentando o leque de possibilidades técnicas. No exercício 35 procure igualar a afinação e a sonoridade das notas. O sinal de somar (+) acima das notas significa que você deve subir um pouco a afinação das mesmas. No trombone você deve fechar um pouco mais a vara e no bombardino isso pode ser feito fechando-se a curva de afinação (nos instrumentos que permitem este movimento). Nos dois instrumentos a correção também pode ser realizada com a embocadura (este recurso exige mais experiência do músico). Vale destacar que o sinal de diminuir (-) acima das notas significa que você deve abaixar um pouco a afinação das mesmas (abrir a vara). O mais importante é que a afinação deve ser corrigida com o auxílio do ouvido ou de um afinador eletrônico. Pratique as posições alternativas na peça *Amazing Grace*. Depois toque com as posições que você preferir. Faça este exercício diversas vezes, buscando a mesma sonoridade e afinação nas duas formas. A correção pode ser mínima ou até mesmo dispensada, dependendo do instrumento e do instrumentista. Veja as correções que devem ser realizadas na série harmônica: os harmônicos 3, 6 e 9 devem ter sua correção feita para baixo, pois as notas são altas. Os harmônicos 5, 10 e, principalmente o 7, devem ser corrigidos para cima, pois as notas são baixas. O processo de corrigir as notas deve ser gradativo para os iniciantes, caso contrário pode levar o aluno a desistir da aprendizagem do instrumento, ou até mesmo, piorar a afinação das notas.

SÉRIE HARMÔNICA DE SI♭

AMAZING GRACE
Maravilhosa Graça

CD: faixas 54 e 55
Melodia tradicional americana

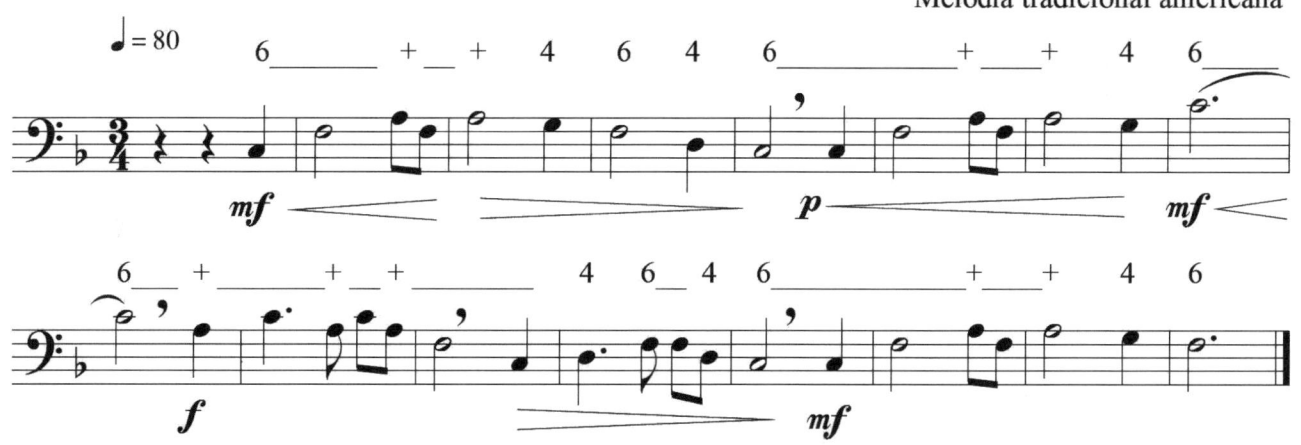

APRENDENDO TÉCNICA

Legato ou ligado – no trombone de vara existem basicamente quatro maneiras de tocar *legato*, além do *glissando* que para muitos autores é considerado como um tipo de *legato*. Veja a seguir os *legatos* possíveis no trombone de vara e as diferenças e semelhanças com o bombardino.

TROMBONE E BOMBARDINO: *Legato* **labial** - é realizado com notas de uma mesma posição. No *legato* labial a primeira nota é articulada normalmente (TÔ) e as seguintes são emitidas somente com ar (OH). Exercitar o *legato* labial (também conhecido como flexibilidade labial) é importante para o desenvolvimento da qualidade sonora e da resistência.

O exercício 36 deve ser treinado primeiramente no bocal. Faça um *glissando* entre uma nota e outra. Pratique lentamente cada passagem em *legato*. Evite deixar "barrigas" entre as notas. Evite marcar cada nota agressivamente. A passagem deve ser suave. Antes de praticar *legato* toque articulando normalmente (com a sílaba TÔ em todas as notas).

AURA LEE

George R. Poulton

ESTUDO II

CD: faixa 59
Lélio Alves

No exercício 38 o trombone deve *glissar* e o bombardino tocar *legato*. Mantenha a coluna de ar, ou seja, não interrompa o fluxo de ar. Pratique diariamente para alcançar as notas agudas com facilidade. Você poderá *glissar* bem lentamente no começo e depois, no tempo indicado.

3ª posição = Mi♭ 3 =	2ª posição = Mi 3 =	1ª posição = Fá 3 =

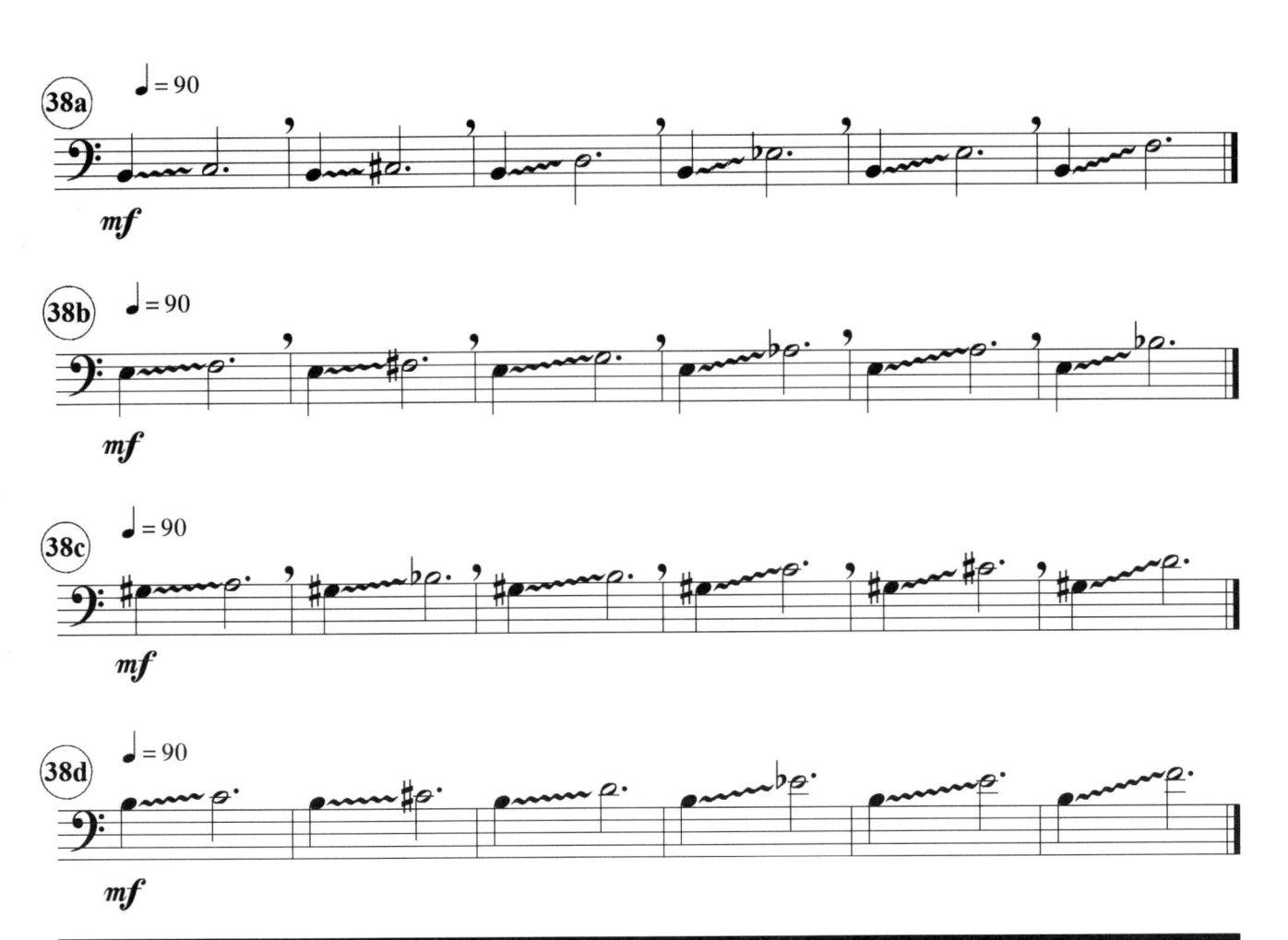

APRENDENDO TÉCNICA

TROMBONE: *Legato* de vara - realizado em diferentes posições. As notas podem ser tocadas como no *legato* labial, mas com o movimento da vara. Esta será movida sempre em direção contrária ao intervalo musical ligado (intervalo musical ascendente, vara descendente, e vice-versa). Mantenha a coluna de ar e mova a vara de forma suave e rapidamente.

CD: faixa 60

ESTUDO III

CD: faixa 61
Lélio Alves

APRENDENDO TEORIA MUSICAL

Alla Breve - A fórmula de compasso $\frac{2}{2}$ ou ¢ indica que cada mínima corresponde a um tempo e é conhecida como *alla breve*.

EXERCÍCIOS DE RITMO II - *ALLA BREVE*

♩ = 80

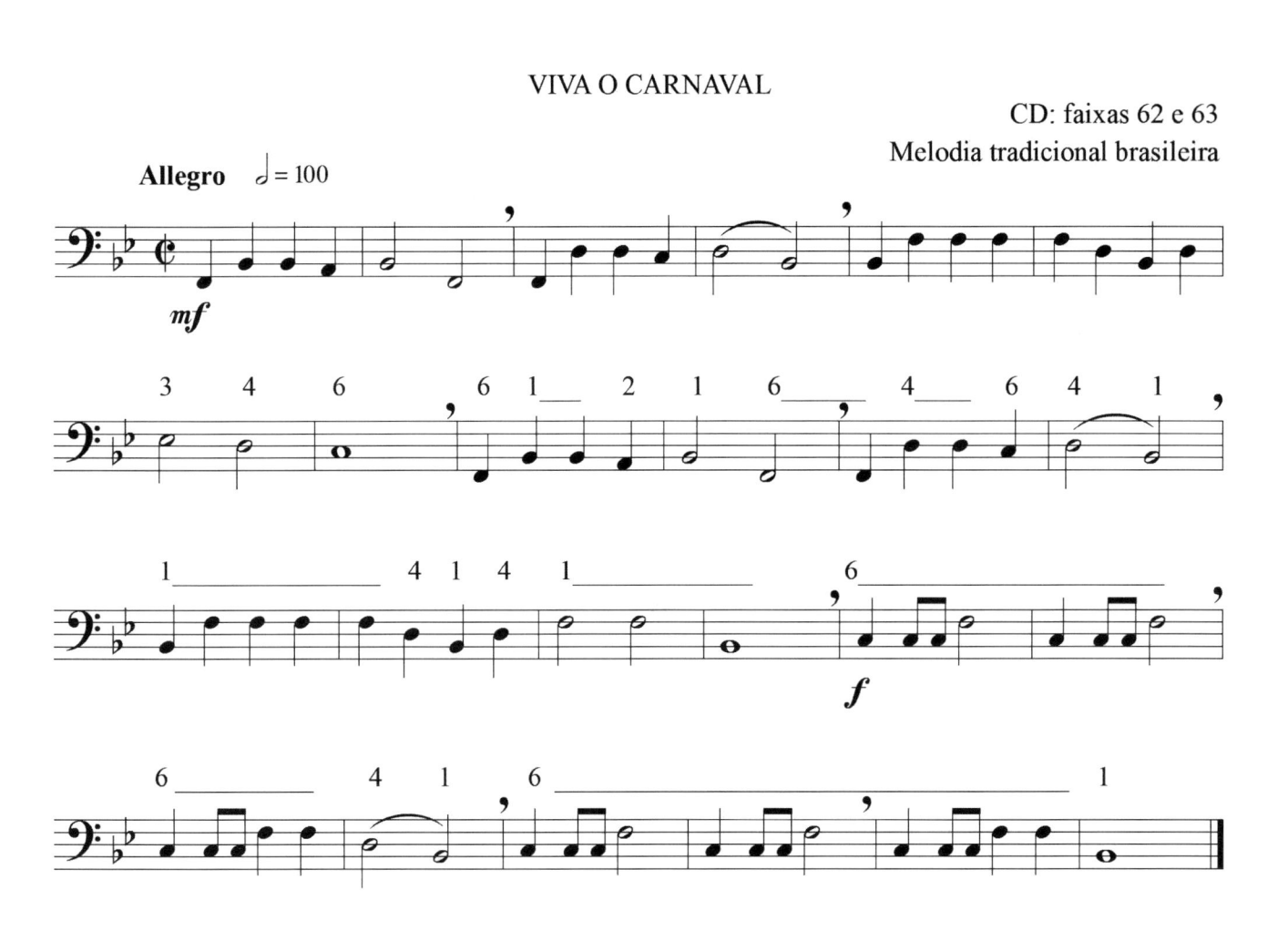

VIVA O CARNAVAL

CD: faixas 62 e 63
Melodia tradicional brasileira

Allegro ♩ = 100

mf

f

APRENDENDO TÉCNICA

TROMBONE: *Legato* **articulado** - realizado tanto em posições iguais quanto em diferentes. No trombone de vara algumas notas ligadas precisam ser articuladas para que não soem *glissando* ao serem emitidas. Para o efeito de conectar as notas, sem *glissar*, é preciso articular as notas com uma sílaba que deixe as passagens leves (RÔ, por exemplo). Pense como se estivesse usando a língua para varrer o palato (céu da boca). **BOMBARDINO:** no bombardino você deve praticar esta articulação para que se possa empregá-la, principalmente em notas iguais.

PARTE B
Exercícios, estudos e melodias

ESCALA ASCENDENTE E DESCENDETE DE DÓ MAIOR

TROMBONES: Antes de tocar observe que tipo de *legato* deve ser utilizado. Por exemplo, Dó-Ré (*legato* articulado) e Fá-Sol (*legato* de vara). Depois faça cada passagem lentamente.

EARLY ONE MORNING
Numa manhã bem cedo

CD: faixas 66 e 67
Melodia tradicional inglesa

Composição – componha uma melodia utilizando as notas da escala de Dó Maior. Utilize as figuras musicais que você aprendeu.

COMPOSIÇÃO II

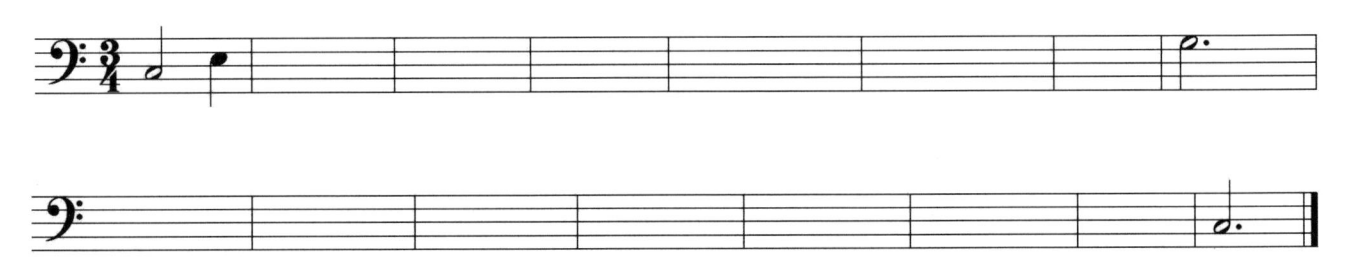

No *Minueto* de J.S.Bach, que você tocará a seguir, dê preferência por praticar as posições de *legato* articulado (logo acima das notas). Embora seja mais fácil utilizar o *legato* de vara (acima das posições do *legato* articulado) é importante estar apto para utilizar o *legato* articulado nas posições recomendadas.

Johann Sebastian Bach (1685-1750) – organista e compositor alemão do período Barroco. Dentre o repertório que compôs é interessante destacar as suas inúmeras cantatas. Pesquise sobre o período Barroco e ouça peças de J.S.Bach.

MINUETO

CD: faixas 68 e 69
J.S.Bach

Edward Elgar (1857-1934) – compositor, pianista e violinista britânico. Elgar ficou conhecido por compor as Marchas *Pomp and Circumstance*. Toque o trecho da *Marcha n.1* e veja se reconhece a melodia que é bastante tocada em formaturas escolares.

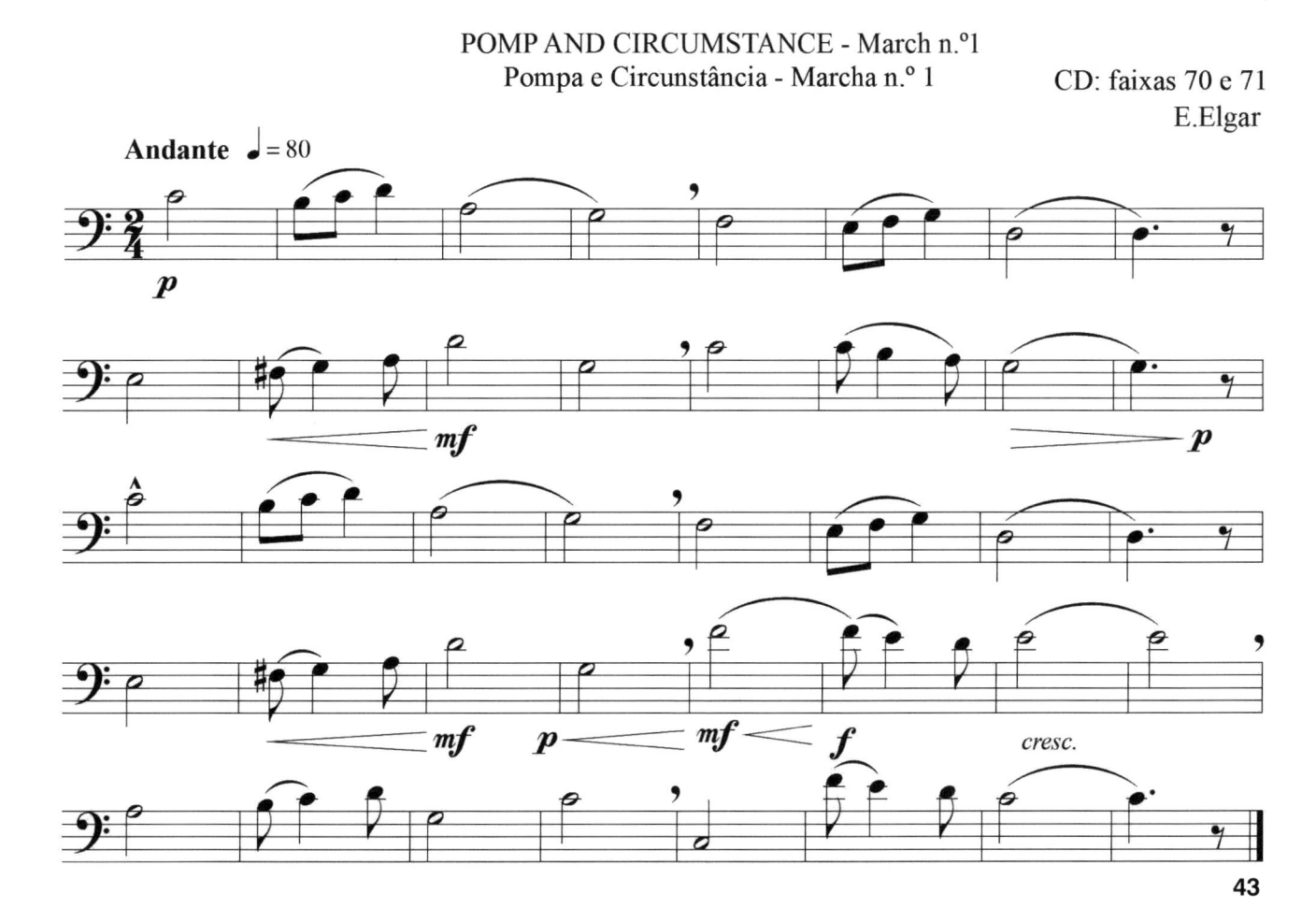

POMP AND CIRCUMSTANCE - March n.º1
Pompa e Circunstância - Marcha n.º 1

CD: faixas 70 e 71
E.Elgar

APRENDENDO TÉCNICA

Uso do rotor (trombone) e do quarto pistão (bombardino) – o acionamento do rotor ou do quarto pistão permite a execução da série harmônica de Fá (som real) na primeira posição. É possível emitir seis diferentes séries harmônicas com o acionamento do rotor ou do quarto pistão, partindo da primeira posição. Neste método você fará uma breve iniciação, estudando algumas notas da primeira e segunda posição com rotor ou quarto pistão. Isto porque a primeira posição com rotor ou quarto pistão emite as mesmas notas que a sexta posição sem o auxílio deste mecanismo. O mesmo vale para a segunda posição com rotor, que pode ser emitida na sétima. As posições com auxílio do rotor ou quarto pistão serão representadas por números romanos.

1ª posição acionando o rotor (4º pisto no bombardino ○○○●) = Dó2

APRENDENDO TÉCNICA

TROMBONE: *Legato* com auxílio do rotor - para realizar este tipo de *legato* é preciso ter o rotor no instrumento. Após emitir a primeira nota sem auxílio do rotor é necessário acioná-lo para tocar a nota seguinte. **BOMBARDINO:** o processo se assemelha ao realizado nos demais instrumentos de pistão. Ou seja, toca-se uma nota, muda-se a posição e emite-se a outra sem interrupção de ar.

Toque os exercícios 46, 47 e 48 com a articulação escrita e depois os mesmos em *legato*. Caso o instrumento não possua o rotor (quarto pistão) toque a posição I (com rotor) na sexta posição (sem rotor) e a II (com rotor) na sétima posição (sem rotor). Se possível, pratique das duas maneiras para trabalhar a afinação e o timbre.

Antonín Leopold Dvořák (1841-1904) – nasceu na República Tcheca. Foi um compositor do período Romântico de grande destaque. A sua grande obra, *Sinfonia n.º 9* (conhecida como Sinfonia do Novo Mundo) é reconhecida mundialmente. Toque o trecho desta sinfonia e reconheça a bela melodia desta obra.

LARGO
Sinfonia nº 9 - Novo Mundo

Largo ♩=60

CD:faixas 72 e 73
A.L.Dvorák

2ª posição acionando o rotor (4º pistão no bombardino ○●○●) = Si 1

Obs.: O trombonista deverá abrir um pouco a vara na segunda posição. Confira tocando a 7ª posição e depois a II com o auxílio do rotor. Já o bombardinista deve verificar se o instrumento tem afinação alta nesta posição, podendo abrir as curvas de afinação caso necessário.

NESTA RUA

CD: faixas 74 e 75
Melodia tradicional brasileira

Moderato ♩= 72

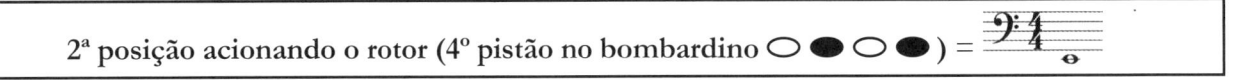

1ª posição acionando o rotor (4º pistão no bombardino ⭕⭕⭕⬤) =

2ª posição acionando o rotor (4º pistão no bombardino ⭕⬤⭕⬤) =

(48)

Robert Schumann (1810-1856) – compositor alemão, bastante conhecido por suas obras para piano, canções (*lieder*) e música orquestral. Schumann também foi um compositor do período Romântico.

THE HAPPY FARMER
O Fazendeiro Feliz

CD: faixas 76 e 77
R. Schumann

Allegro ♩ = 120

Pratique a música em diferentes articulações. Use o *legato* de vara (Si♭-Ré) e depois o labial (Fá-Si♭).

APRENDENDO TEORIA MUSICAL

Casas de 1ª e 2ª vez – toque a música até o *ritornello* da primeira casa. Retorne ao *ritornello* anterior, seguindo até chegar novamente à 1ª casa. Desta vez não toque a 1ª casa e pule direto para a 2ª casa. Pratique na peça *Ó Abre – Alas* de Chiquinha Gonzaga.

Chiquinha Gonzaga (1847-1935) – pianista e primeira mulher a atuar como compositora no Brasil, enfrentando todo o preconceito da sociedade. Criou a primeira marchinha carnavalesca: o *Ó Abre – Alas* e compôs peças em diferentes gêneros musicais, tais como: valsas, polcas e tangos.

Ó ABRE - ALAS

CD: faixas 78 e 79
Chiquinha Gonzaga

♩ = 112

ESCALA ASCENDENTE E DESCENDENTE DE MIb MAIOR

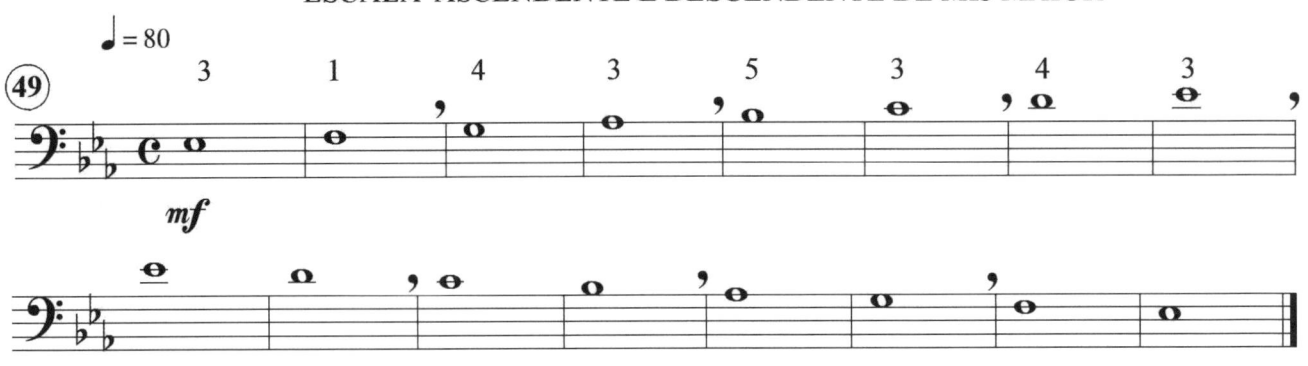

EXERCÍCIO DE RITMO III - 6/8 e 6/4

Jean Sibelius (1865-1957) – compositor finlandês que teve importante papel na formação da identidade da música de seu país. Compôs sete sinfonias. Fez uso de música folclórica e da literatura em suas composições.

Observe na próxima peça, *Finlândia*, que o *legato* de vara ocorre nos compassos 1º, 5º e 22º. Nos compassos 11º e 19º (2 primeiros tempos), e ainda no 13º e 21º os *legatos* são articulados. Nos compassos 11º e 19º (3º e 4º tempos) os *legatos* são labiais.

FINLÂNDIA

CD: faixas 80 e 81
J. Sibelius

Andante ♩ = 80

COMPOSIÇÃO III

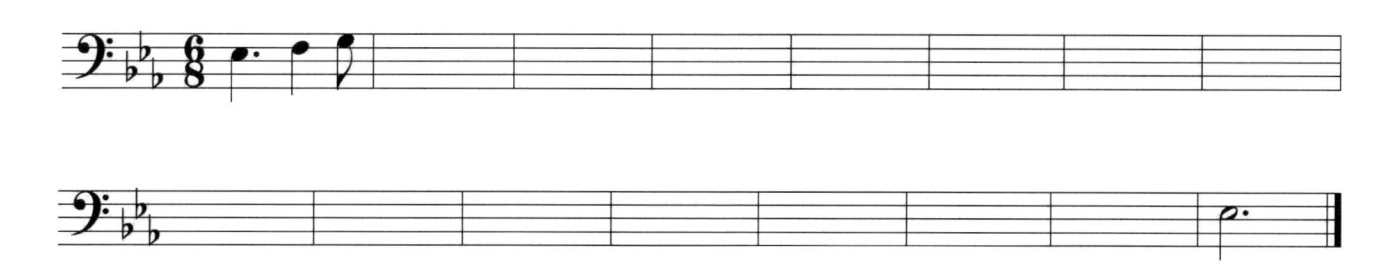

Camille Saint-Saëns (1835-1921) – compositor, pianista e organista francês. Foi considerado por Liszt (outro grande pianista e compositor) como o maior pianista do mundo. Ele compôs *Cavatine*, importante obra do repertório (mais avançado) do trombone.

THE SWAN
O Cisne

from Carnival of the Animals
Carnaval dos Animais

CD: faixas 82 e 83
C. Saint-Saëns

ESTUDO IV

CD: faixa 84
Lélio Alves

ESCALA ASCENDENTE E DESCENDENTE DE SOL MAIOR

EXERCÍCIOS DE RITMO IV - SEMICOLCHEIAS

EXERCÍCIOS DE RITMO V - QUIÁLTERAS

TWINKLE, TWINKLE, LITLLE STAR (Variations A)
Brilha, Brilha Estrelinha (Variação A)

CD: faixas 85 e 86
Melodia tradicional inglesa

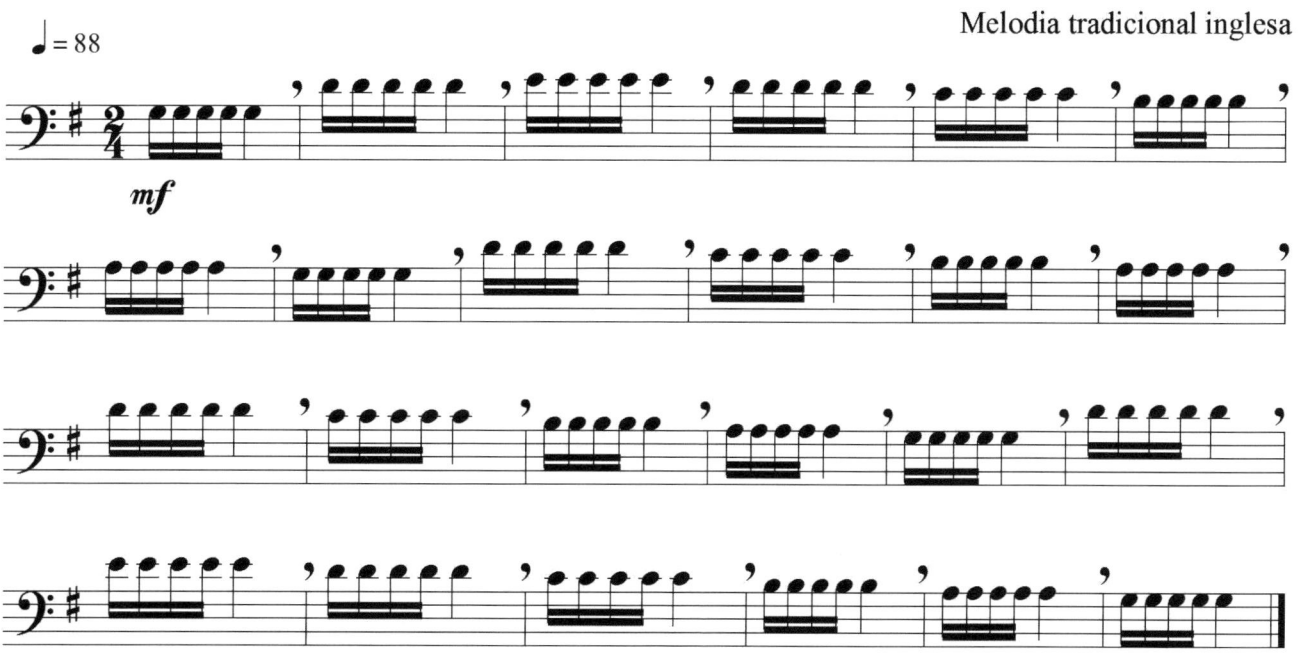

Toque com seu professor ou colega de estudo. Pratique as duas vozes.

A CANTIGA DE RODA
Quadrilha
Adptado do Guia Prático de Villa-Lobos

DUETO

LE CABRIOLET
O Conversível

CD: faixas 87 e 88

Melodia tradicional francesa

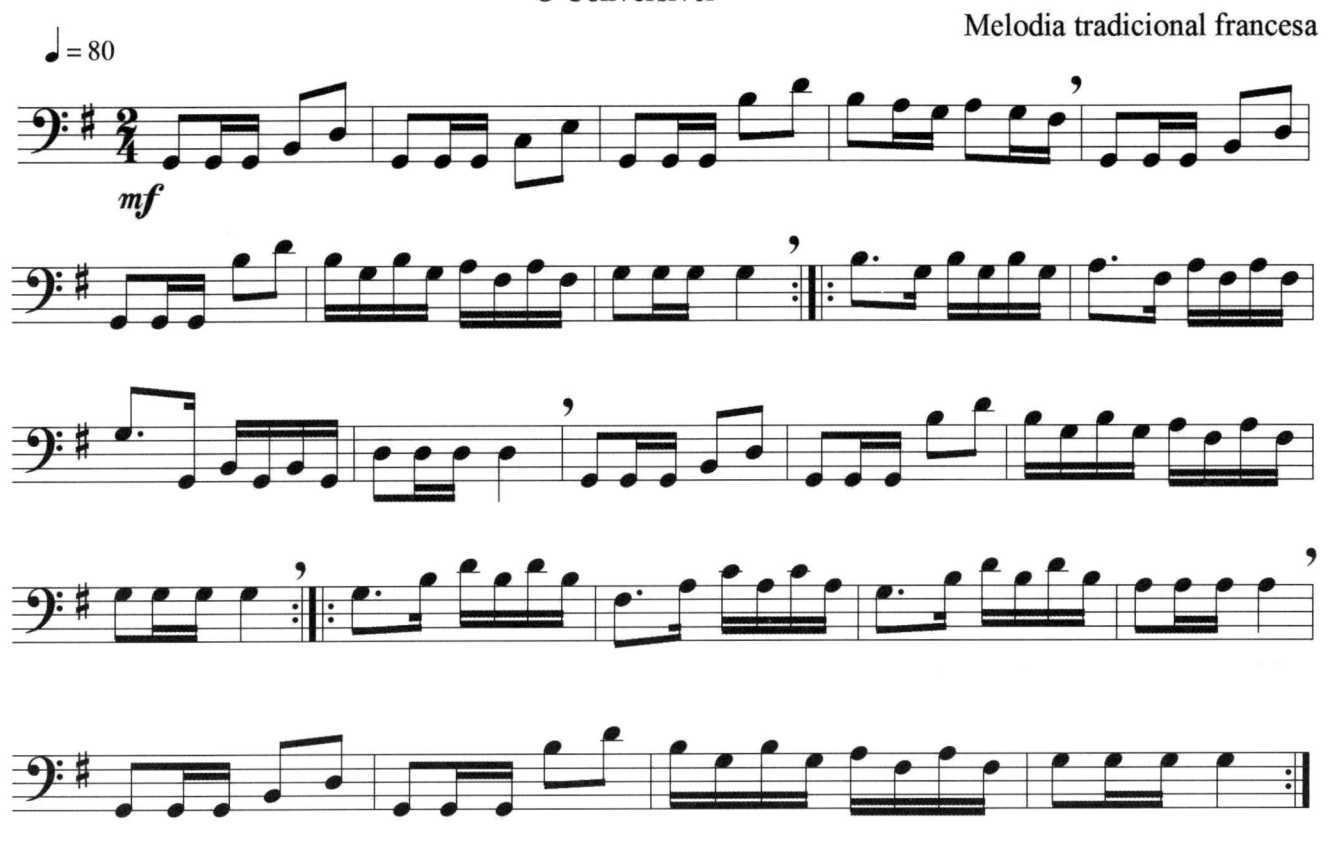

PILGRIM'S CHORUS from TANNHAUSER
Coro dos peregrinos de Tannhauser

CD: faixas 89 e 90

R. Wagner

Richard Wagner (1813-1888) – compositor alemão conhecido como verdadeiro mestre da orquestração. Tem como uma de suas características a utilização de uma grande massa orquestral. É um compositor do período Romântico.

Embora escrita em compasso binário, a peça deve ser pensada em quatro, ou seja, a colcheia como um tempo (quaternário, como um compasso 4/8).

LUA BRANCA

CD: faixas 91 e 92
Chiquinha Gonzaga

Toque com seu professor ou colega de estudo. Pratique as duas vozes.

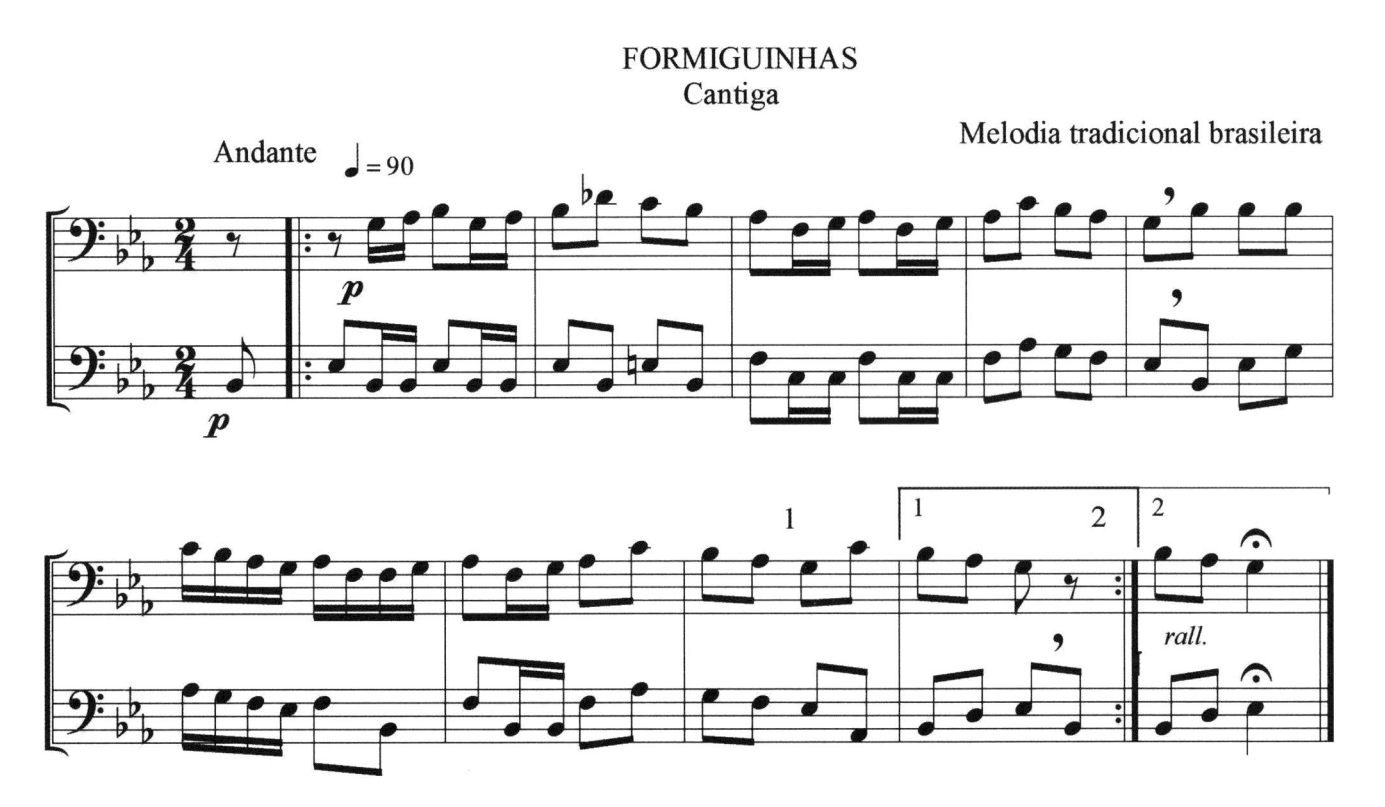

FORMIGUINHAS
Cantiga

Melodia tradicional brasileira

POSIÇÕES DO TROMBONE E BOMBARDINO

Apresentamos a seguir as notas e respectivas posições que foram estudadas neste trabalho. Os números arábicos representam as posições naturais do trombone e os números romanos indicam as posições utilizadas com auxílio do rotor no trombone. Apresentamos também o dedilhado das duas primeiras posições com auxílio da quarta válvula ou pistão.

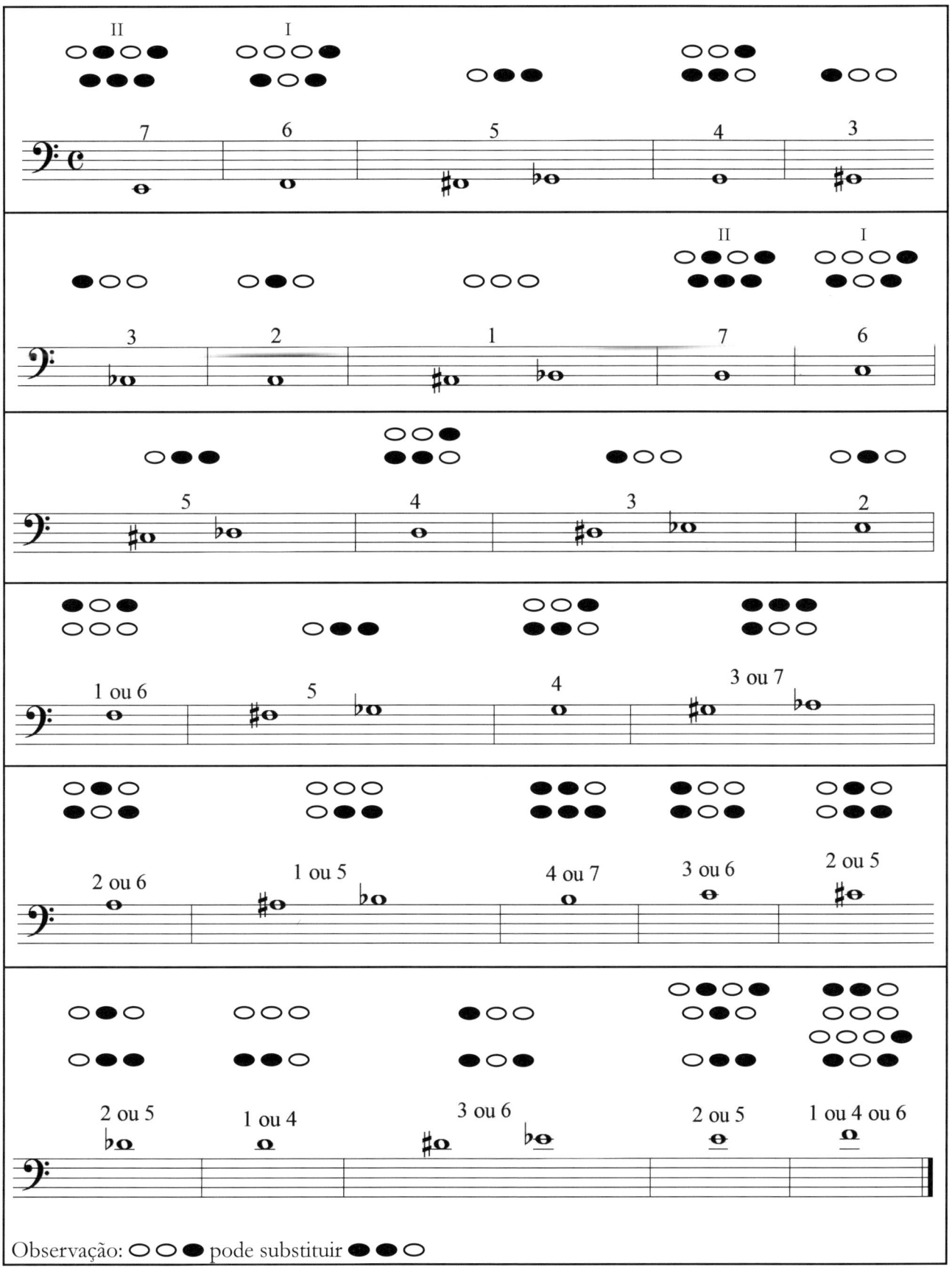

Observação: ○○● pode substituir ●●○

Quinta parte
EXERCÍCIOS INICIAIS PARA TUBA (Si♭)

Consulte os comentários relativos a estes exercícios na parte do método que trata do bombardino e do trombone. Com a necessidade de fazermos um método que atendesse a iniciação de trombones, bombardinos e tubas, optamos por escrever os comentários e as definições teóricas somente na primeira parte do método e repetir os exercícios nesta parte na altura correta para tuba.

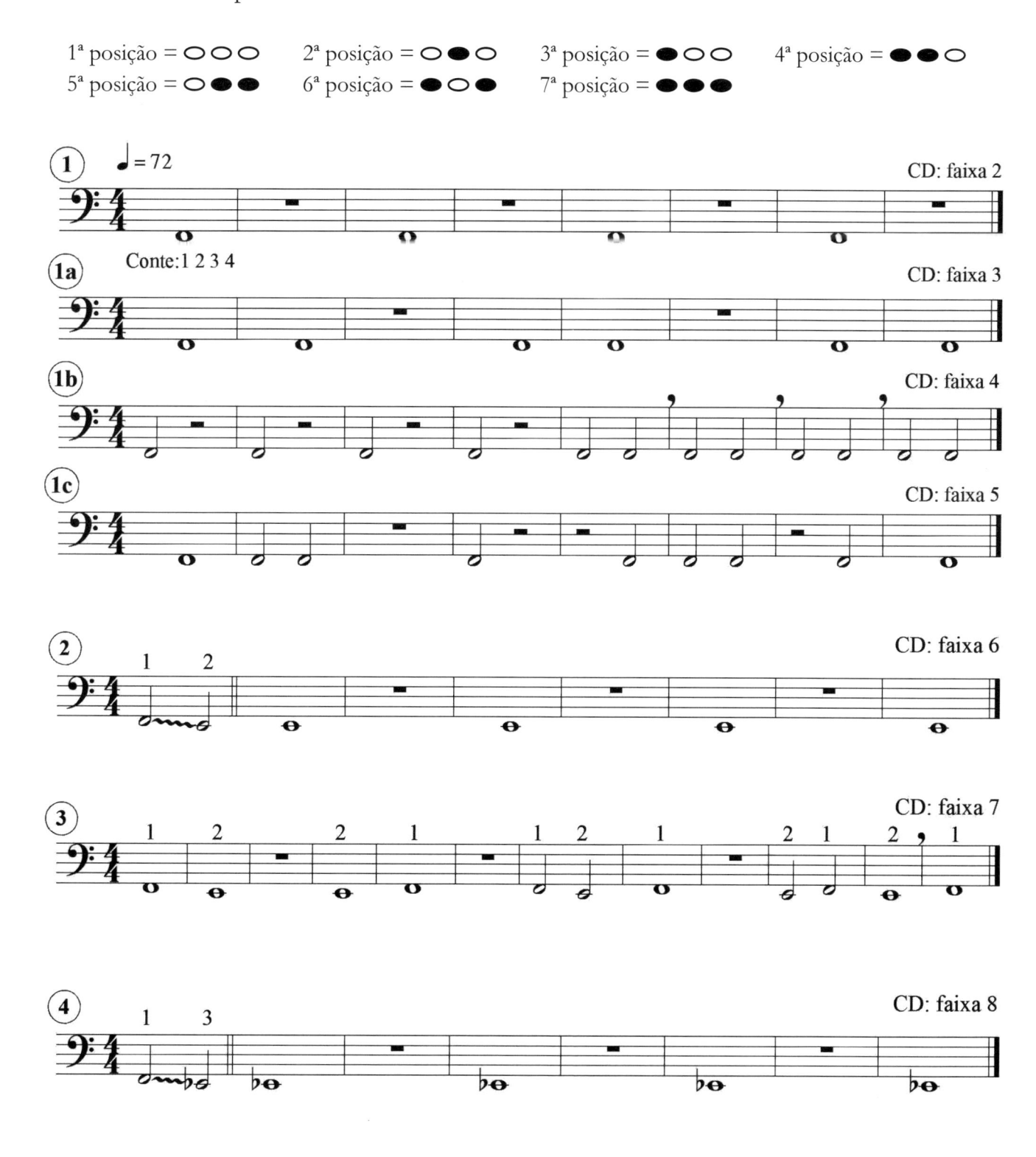

1ª posição = ○○○   2ª posição = ○●○   3ª posição = ●○○   4ª posição = ●●○
5ª posição = ○●●   6ª posição = ●○●   7ª posição = ●●●

5 CD: faixa 9

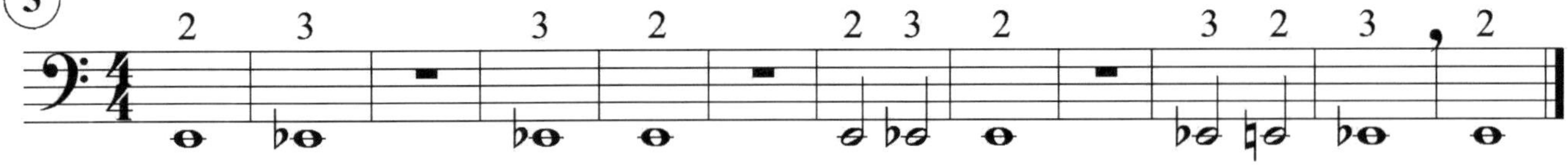

6 CD: faixa 10

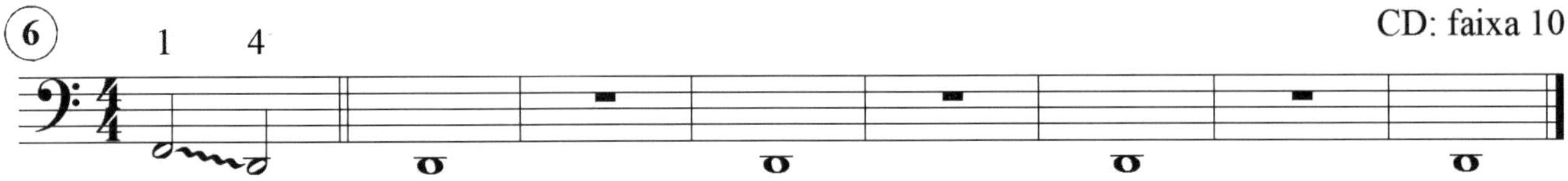

7 CD: faixa 11

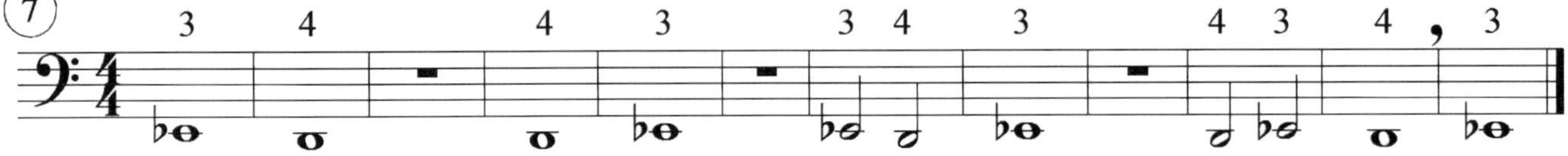

8 CD: faixa 12

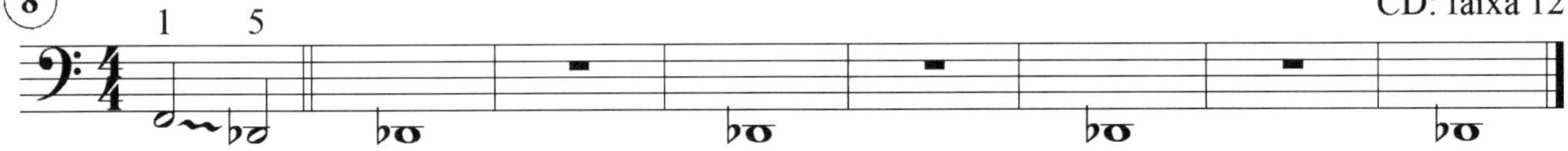

9 CD: faixa 13

10 CD: faixa 14

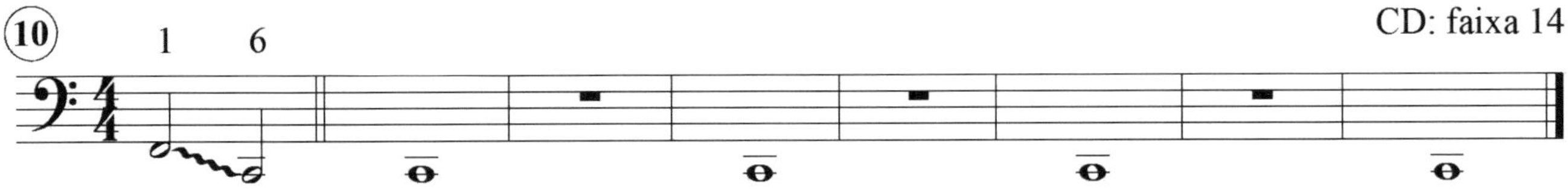

11 CD: faixa 15

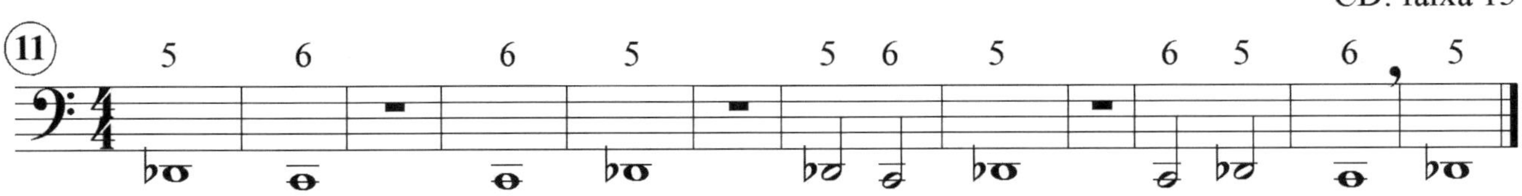

12 CD: faixa 16

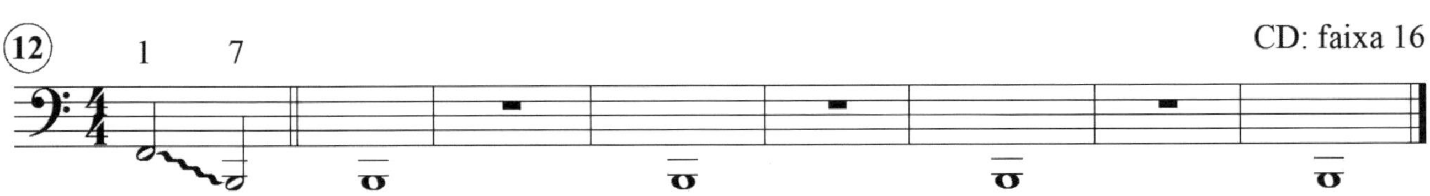

CD: faixa 17

13

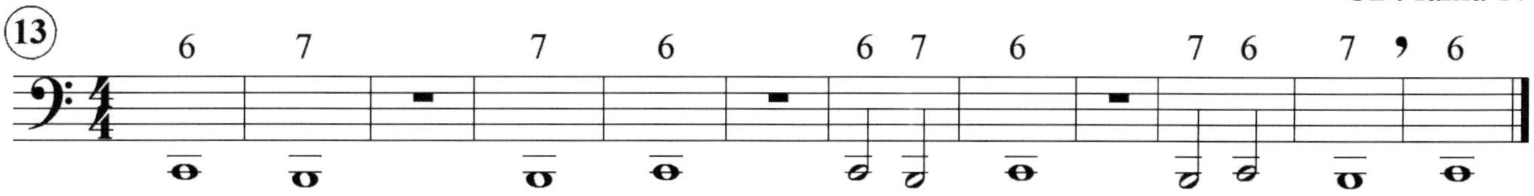

CD: faixa 18

14

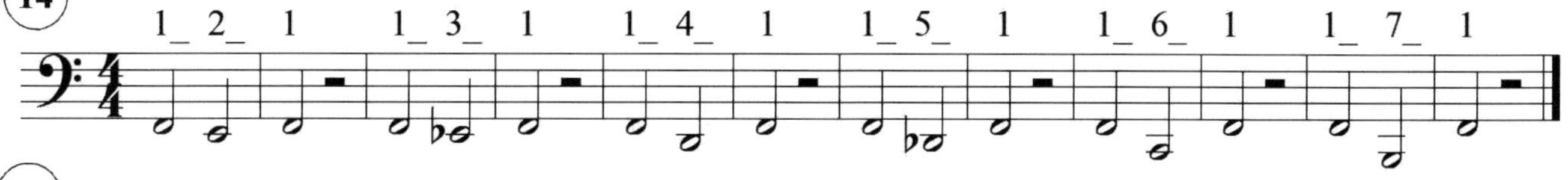

14a

CD: faixa 19

15

CD: faixa 20

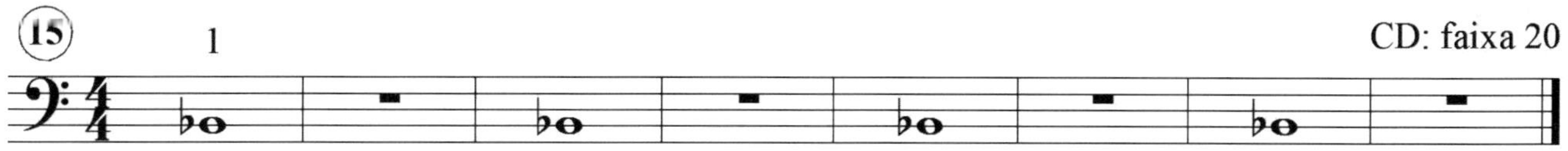

CD: faixa 21

16

CD: faixa 22

17

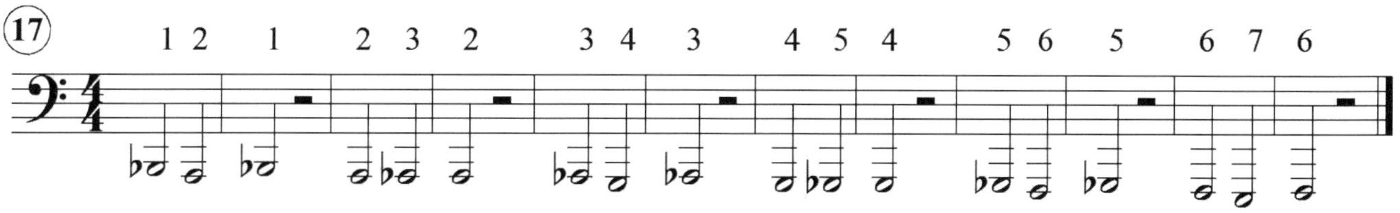

CD: faixa 23

18

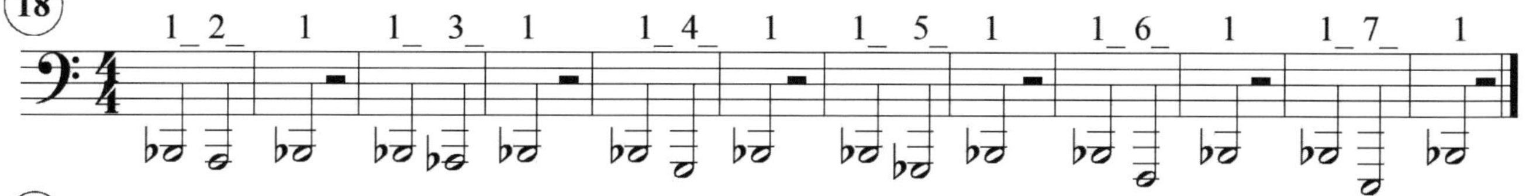

18a

CD: faixa 24

MARY HAD A LITTLE LAMB
Maria tinha um carneirinho

CD: faixas 25 e 26
Melodia tradicional americana

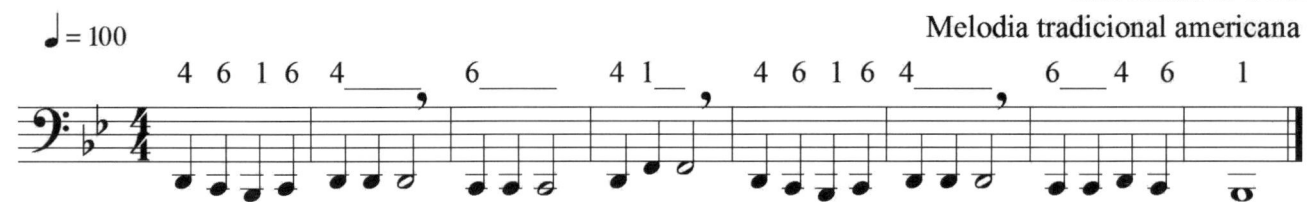

♩ = 100

4 6 1 6 4 , 6 4 1 , 4 6 1 6 4 , 6 4 6 1

JINGLE BELLS

CD: faixas 27 e 28
James Lord Pierpont

♩ = 120

4 , 4 1 6 4 , 3 4 , 6 4 6 ,

4 , 1 6 4 , 3 4 , 1 3 6 1

QUANTOS DIAS TEM O MÊS?

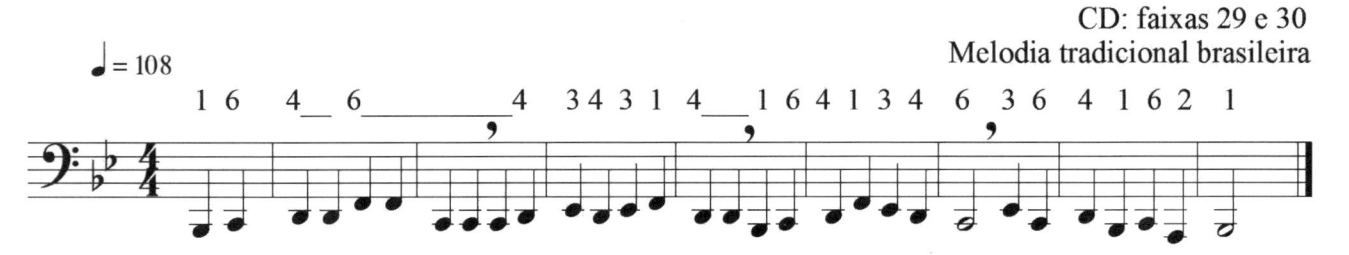

CD: faixas 29 e 30
Melodia tradicional brasileira

♩ = 108

1 6 4 6 4 3 4 3 1 4 1 6 4 1 3 4 6 3 6 4 1 6 2 1

LIGHTLY ROW
Remando suavemente

CD: faixas 31 e 32
Melodia tradicional germânica

♩ = 120

1 4 3 6 , 1 6 4 3 1 , 1 4 3 6 , 1 4 1 ,

6 4 3 , 4 3 1 , 1 4 3 6 , 1 4 1

(19) 1   CD: faixa 33

62

CD: faixa 34

20

CD: faixa 35

21

CD: faixa 36

22

CD: faixa 37

23

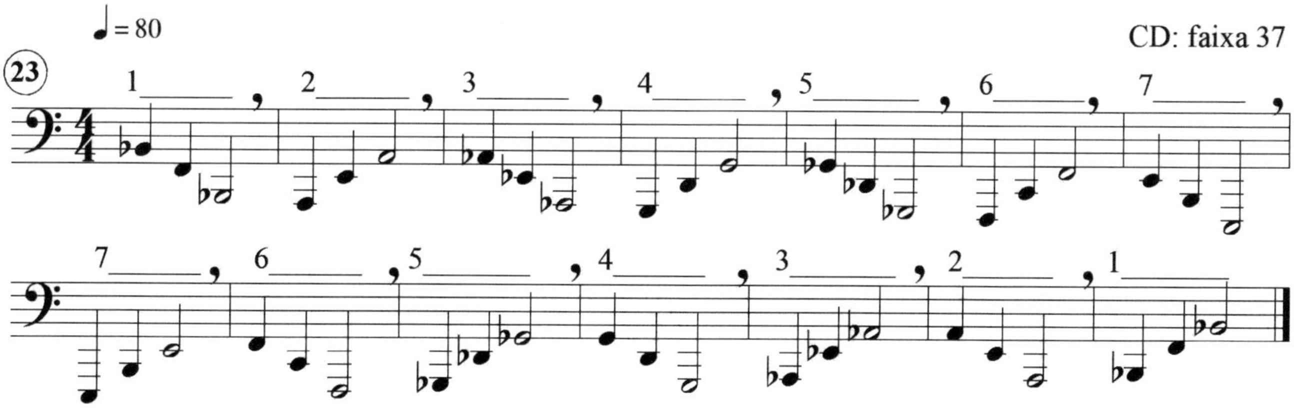

CD: faixa 38

24

MARCHA, SOLDADO!

CD: faixas 39 e 40
Melodia tradicional brasileira

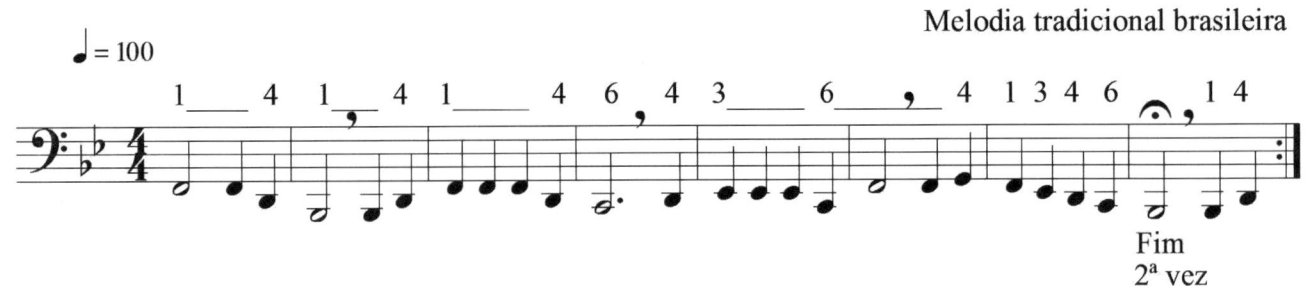

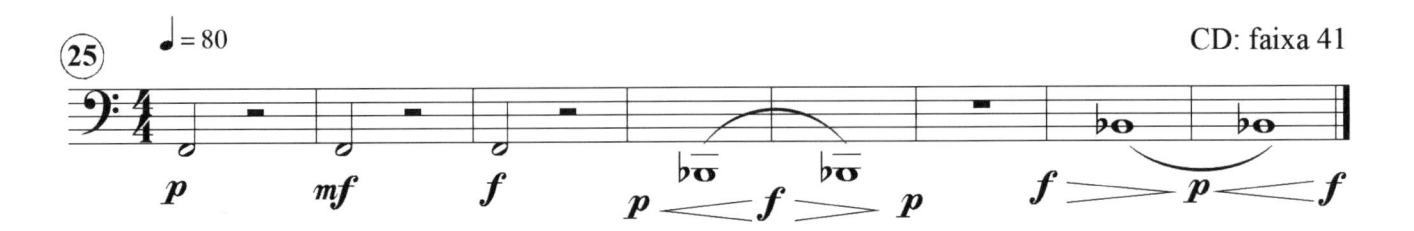

PARTE A
Exercícios, estudos e melodias

ESCALA ASCENDENTE E DESCENDENTE DE SIb MAIOR

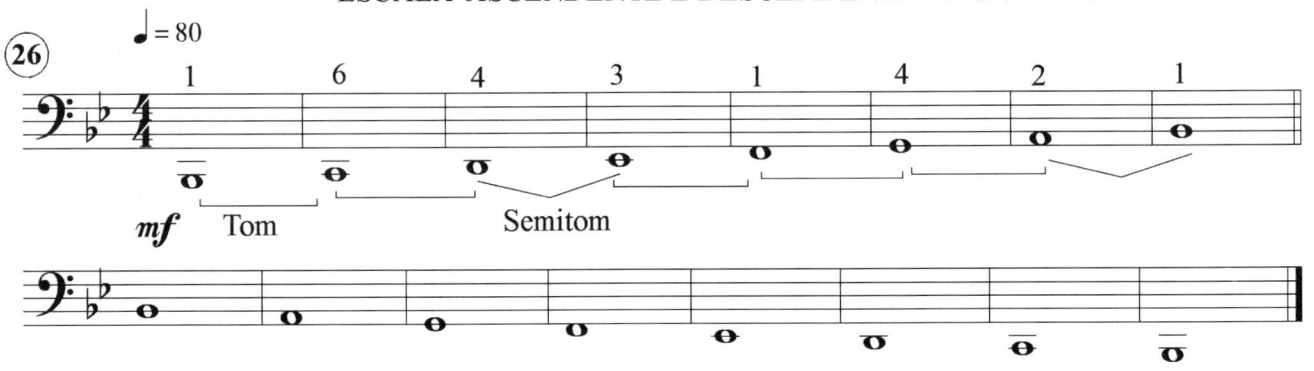

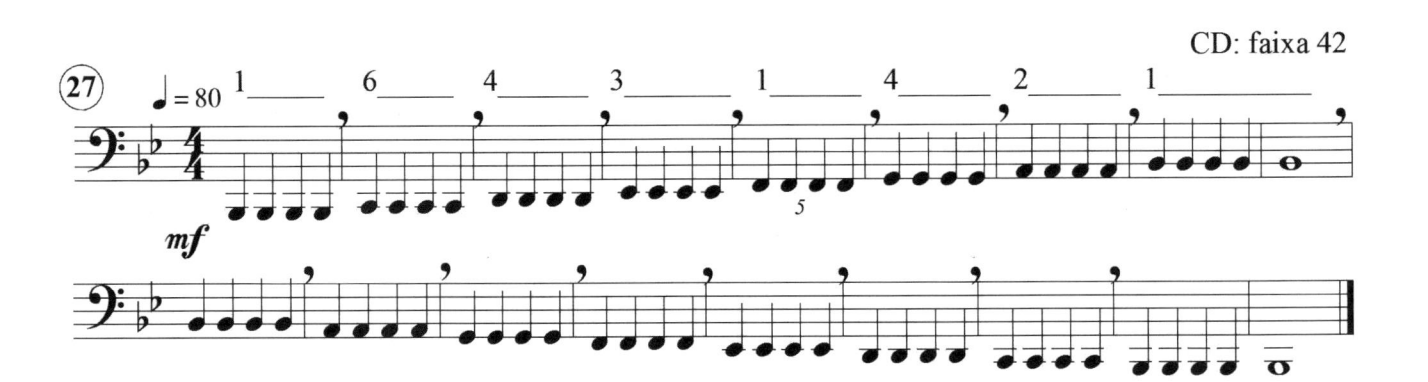

CD: faixa 42

ESCALA EM TERÇAS

CAPELINHA DE MELÃO

Melodia tradicional brasileira

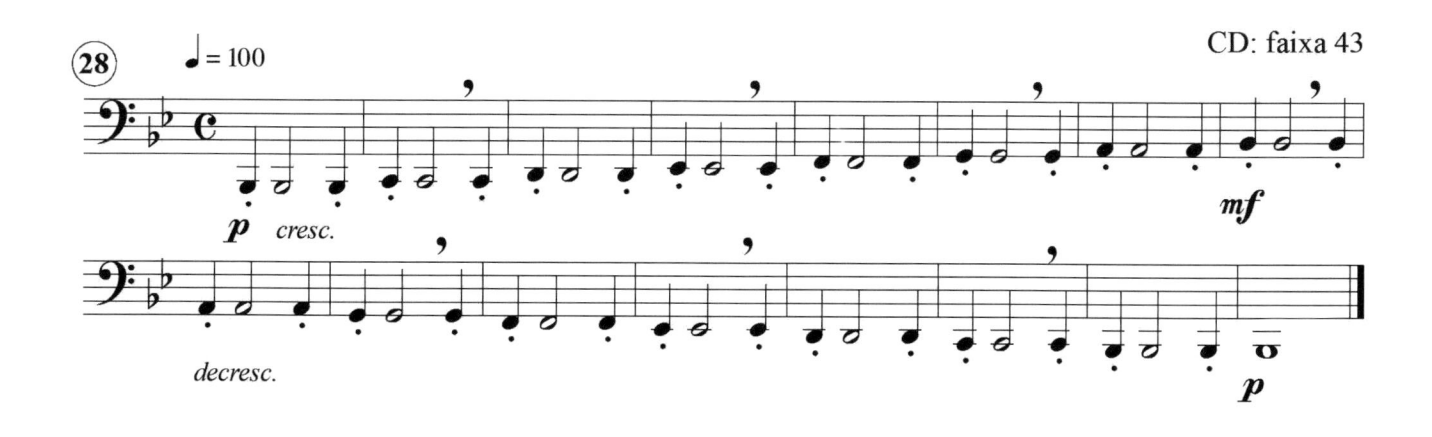

CAN CAN

Jacques Offenbach

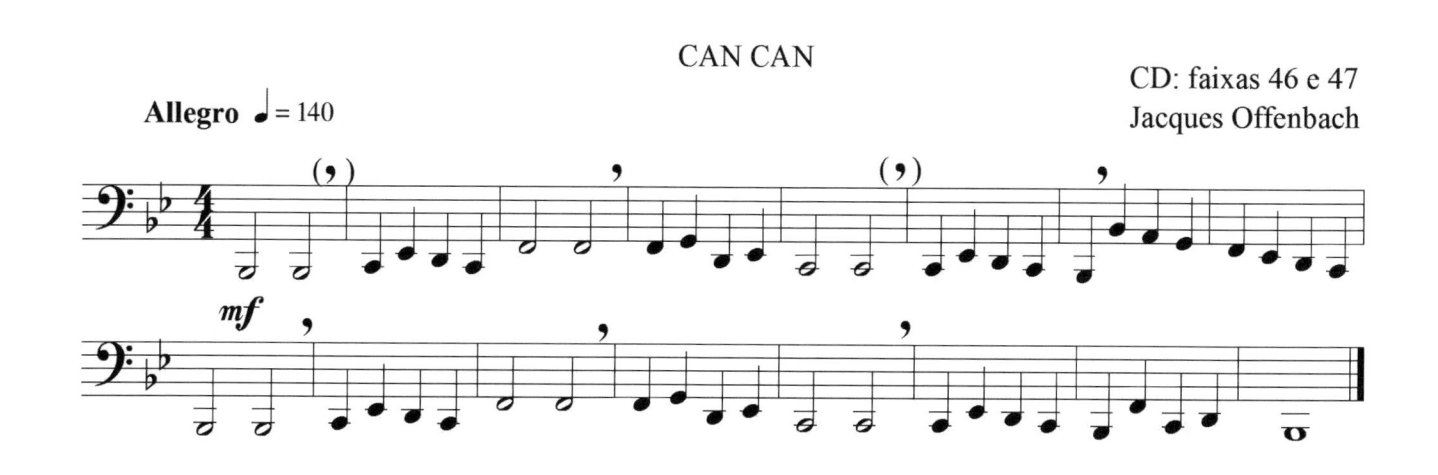

COMPOSIÇÃO I

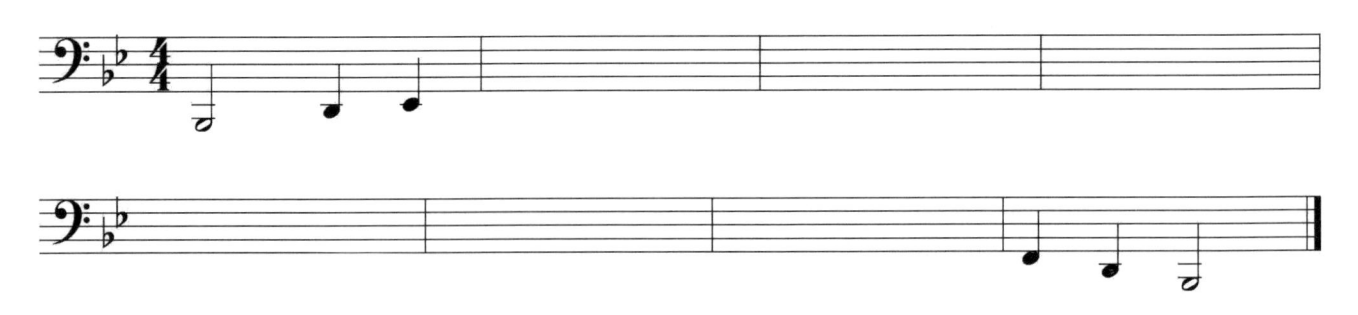

ESTUDO I

♩ = 120

CD: faixa 48
Lélio Alves

ESCALA ASCENDENTE E DESCENDENTE DE FÁ MAIOR

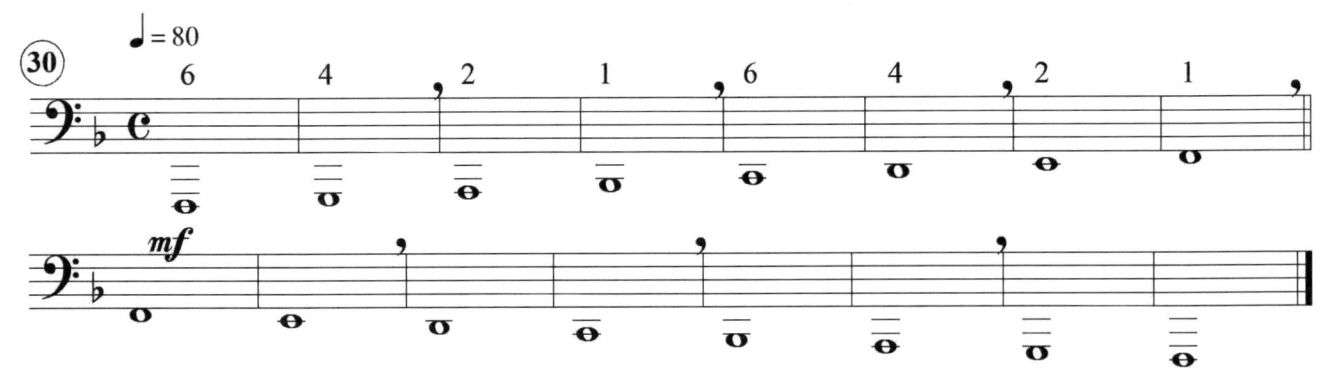

♩ = 80

EXERCÍCIOS DE RITMO I - COLCHEIAS

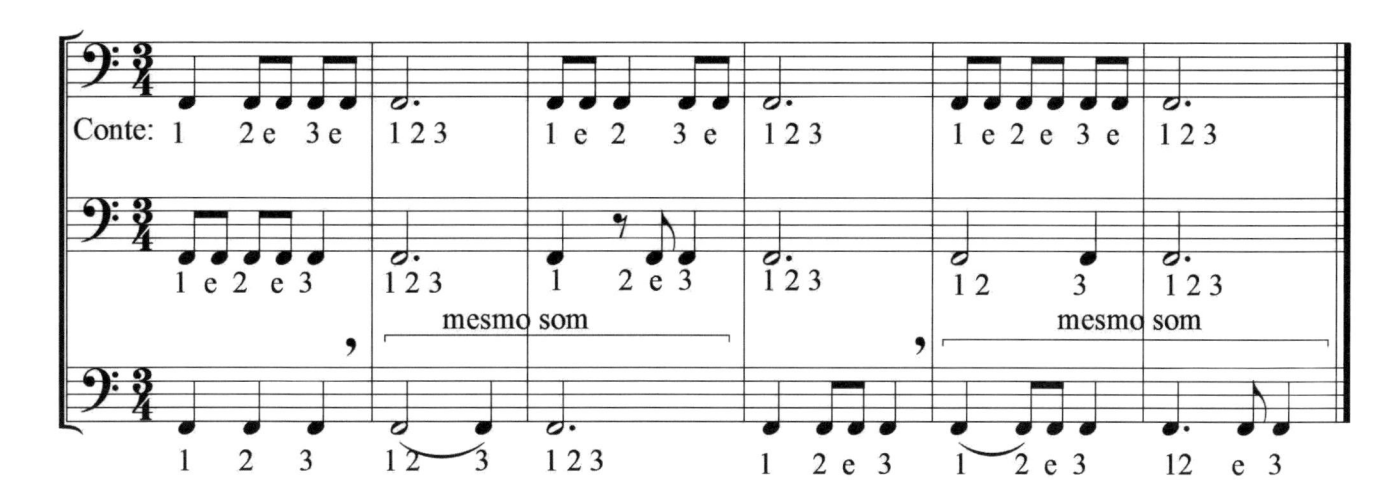

ESCALA EM QUARTAS

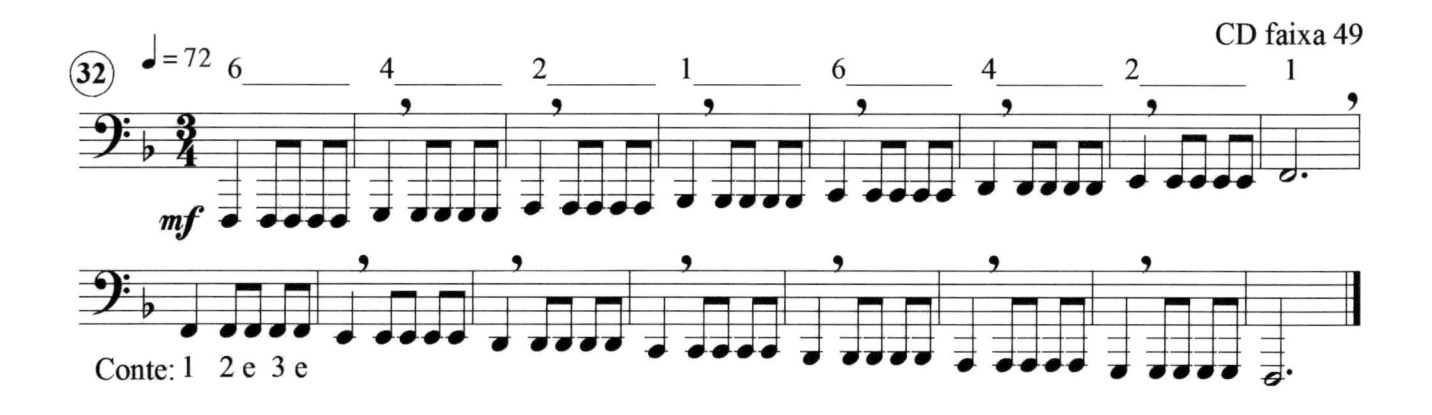

ESCALA EM QUINTAS

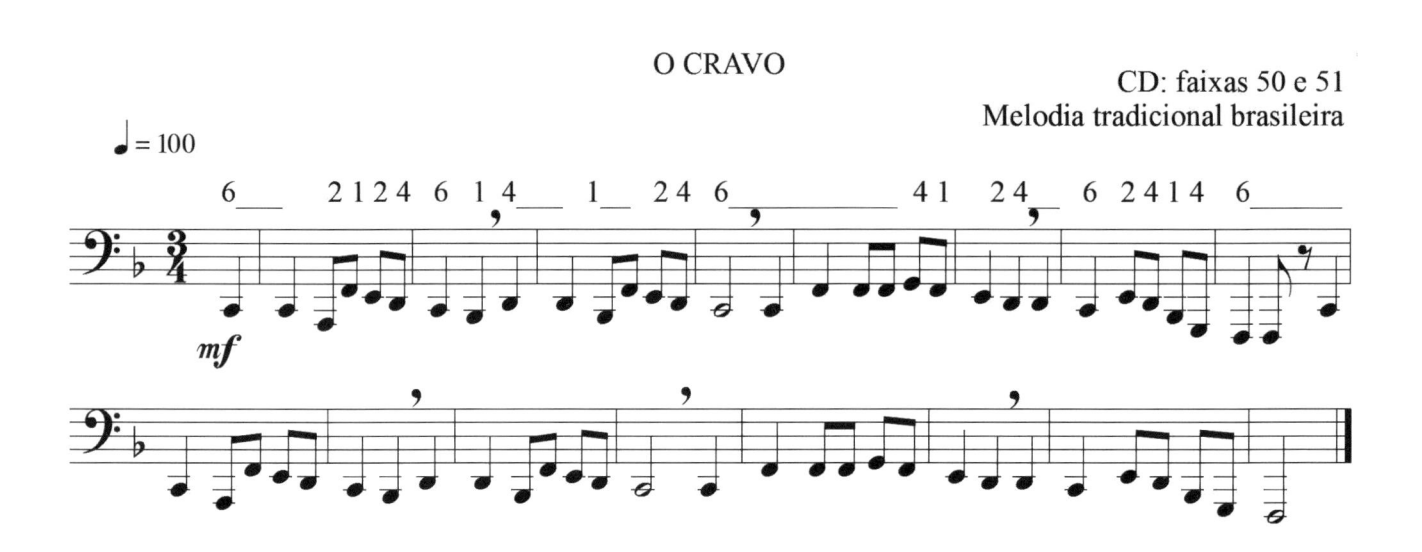

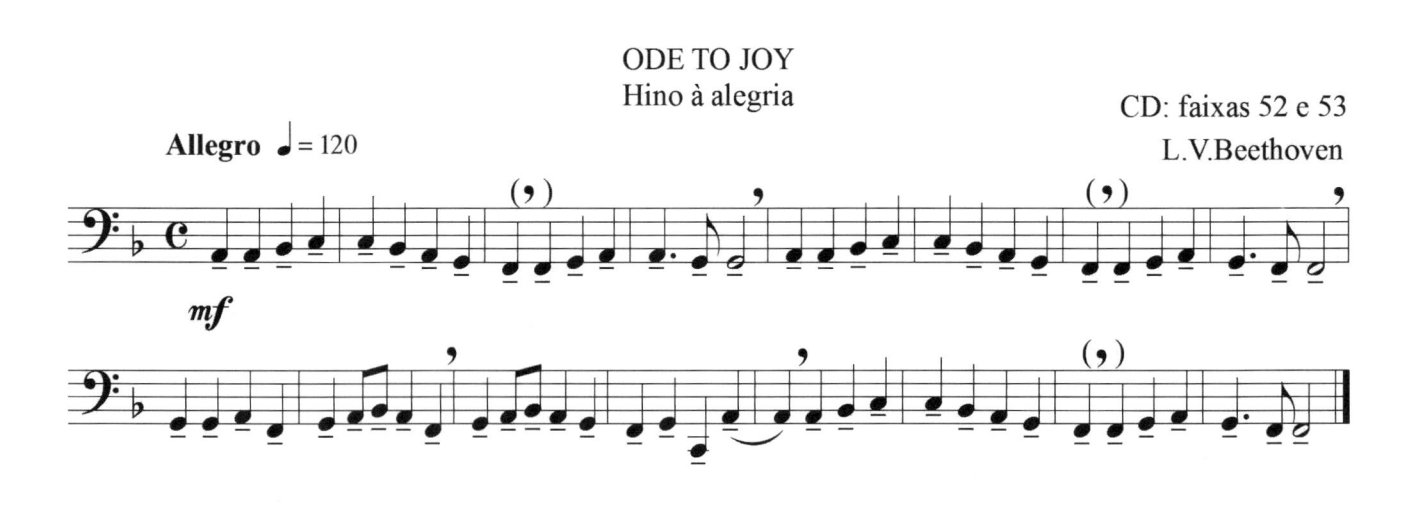

(34) ♩=60

mf

O CRAVO

CD: faixas 50 e 51
Melodia tradicional brasileira

♩=100

mf

ODE TO JOY
Hino à alegria

CD: faixas 52 e 53
L.V. Beethoven

Allegro ♩=120

mf

♩=60

(35)

mf

AMAZING GRACE
Maravilhosa Graça

CD: faixas 54 e 55
Melodia tradicional americana

AURA LEE

CD: faixas 57 e 58
George R. Poulton

ESTUDO II

CD: faixa 59
Lélio Alves

38b
♩ = 90
mf

38c
♩ = 90
mf

38d
♩ = 90
mf

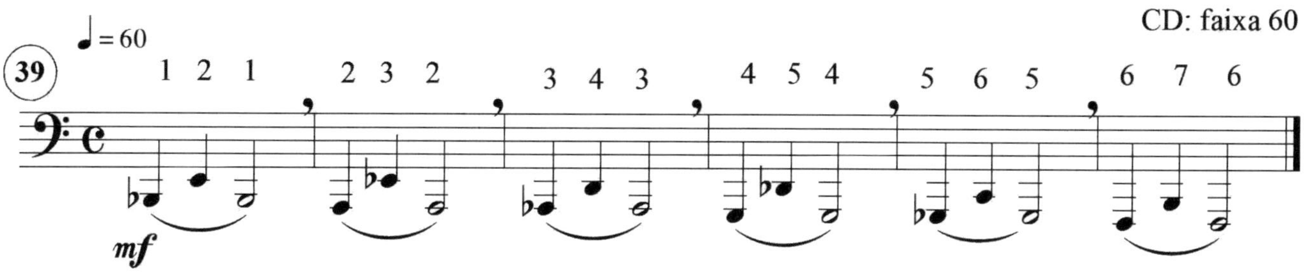
CD: faixa 60
39
♩ = 60
1 2 1
2 3 2
3 4 3
4 5 4
5 6 5
6 7 6
mf

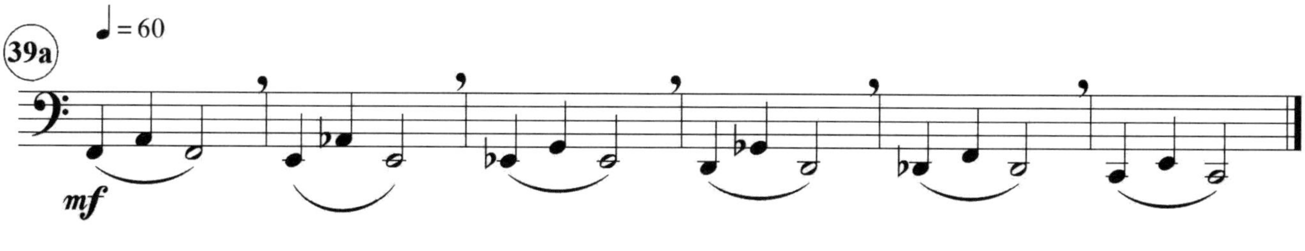
39a
♩ = 60
mf

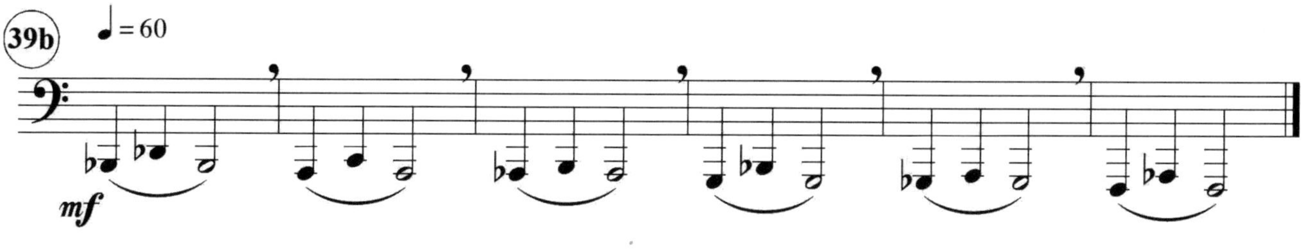
39b
♩ = 60
mf

ESTUDO III

CD: faixa 61
Lélio Alves

EXERCÍCIOS DE RITMO II - *ALLA BREVE*

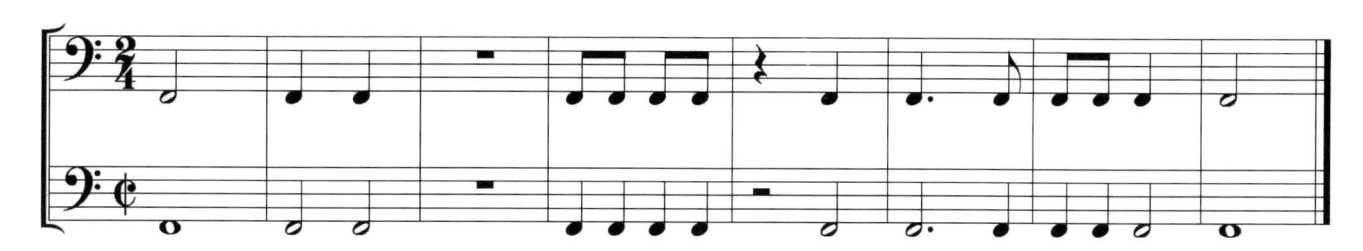

VIVA O CARNAVAL

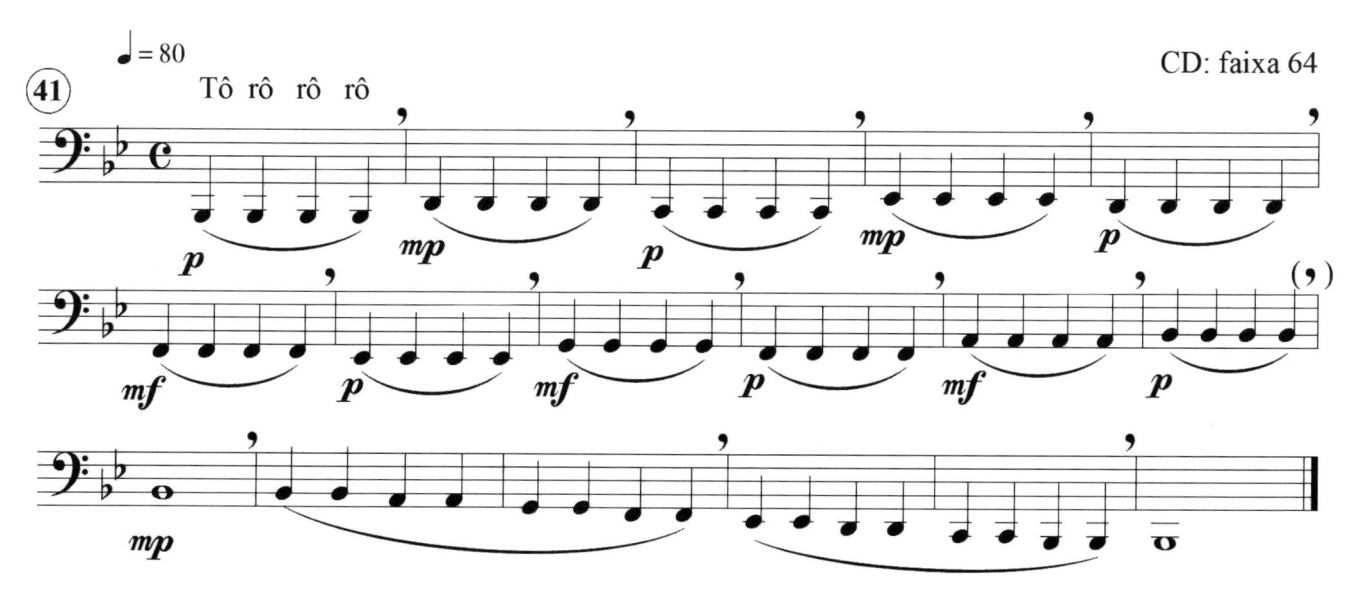

CD: faixas 62 e 63
Melodia tradicional brasileira

Allegro

Tô rô rô rô

CD: faixa 64

PARTE B
Exercícios, estudos e melodias

ESCALA ASCENDENTE E DESCENDETE DE DÓ MAIOR

EARLY ONE MORNING
Numa manhã bem cedo

CD: faixas 66 e 67
Melodia tradicional inglesa

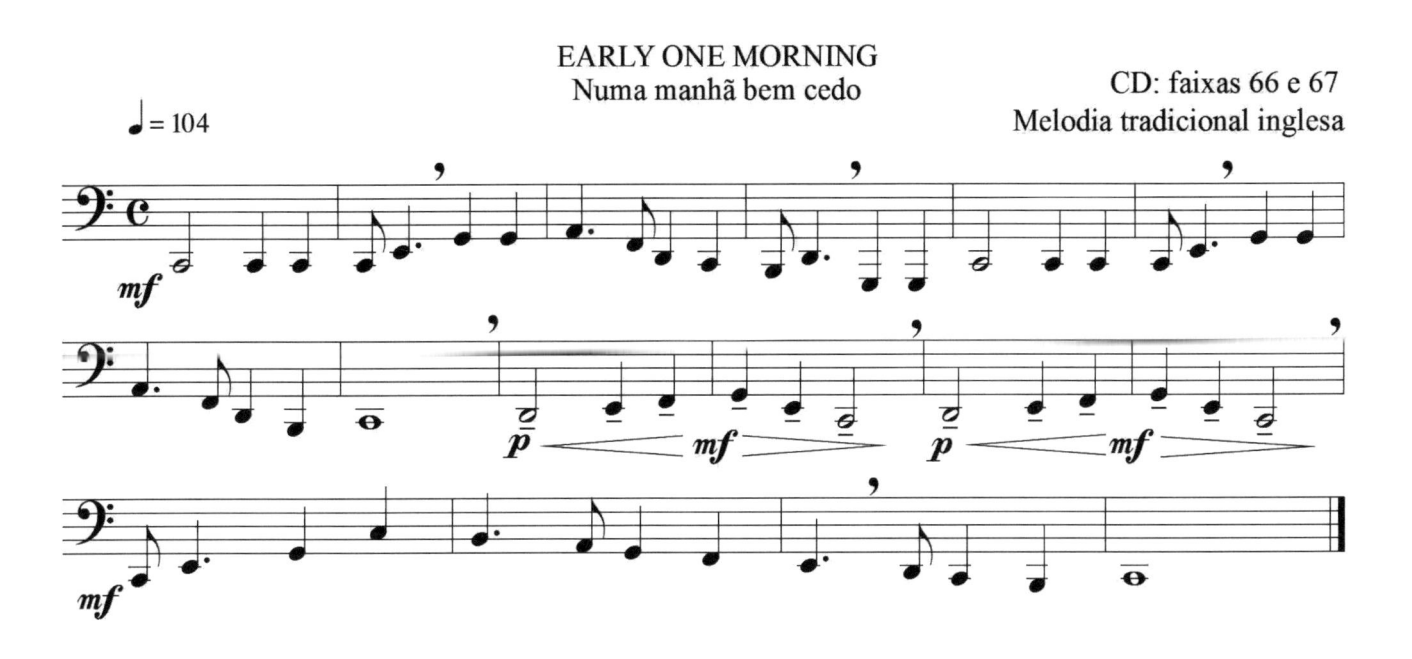

COMPOSIÇÃO II

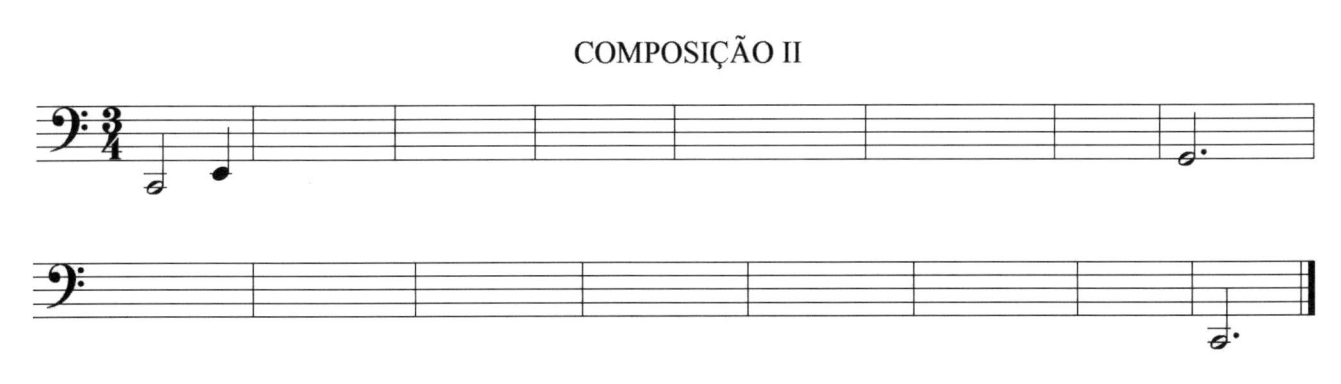

MINUETO

CD: faixas 68 e 69
J.S.Bach

POMP AND CIRCUMSTANCE - March n.º 1
Pompa e Circunstância - Marcha n.º 1

CD: faixas 70 e 71
Edward Elgar

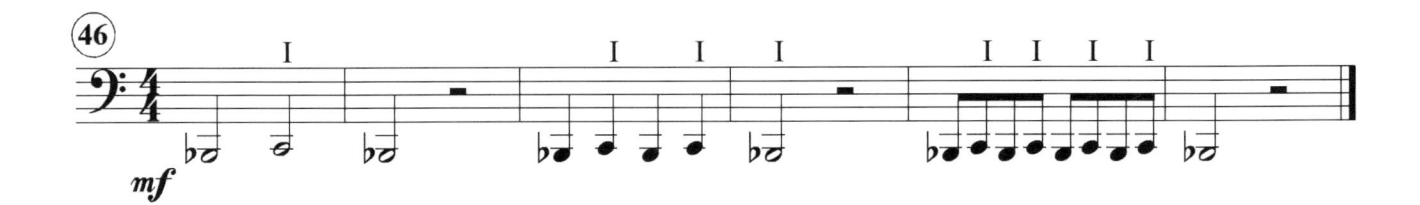

Andante ♩ = 80

LARGO
Sinfonia nº 9 - Novo Mundo

Largo ♩= 60

CD: faixas 72 e 73
A.L.Dvorák

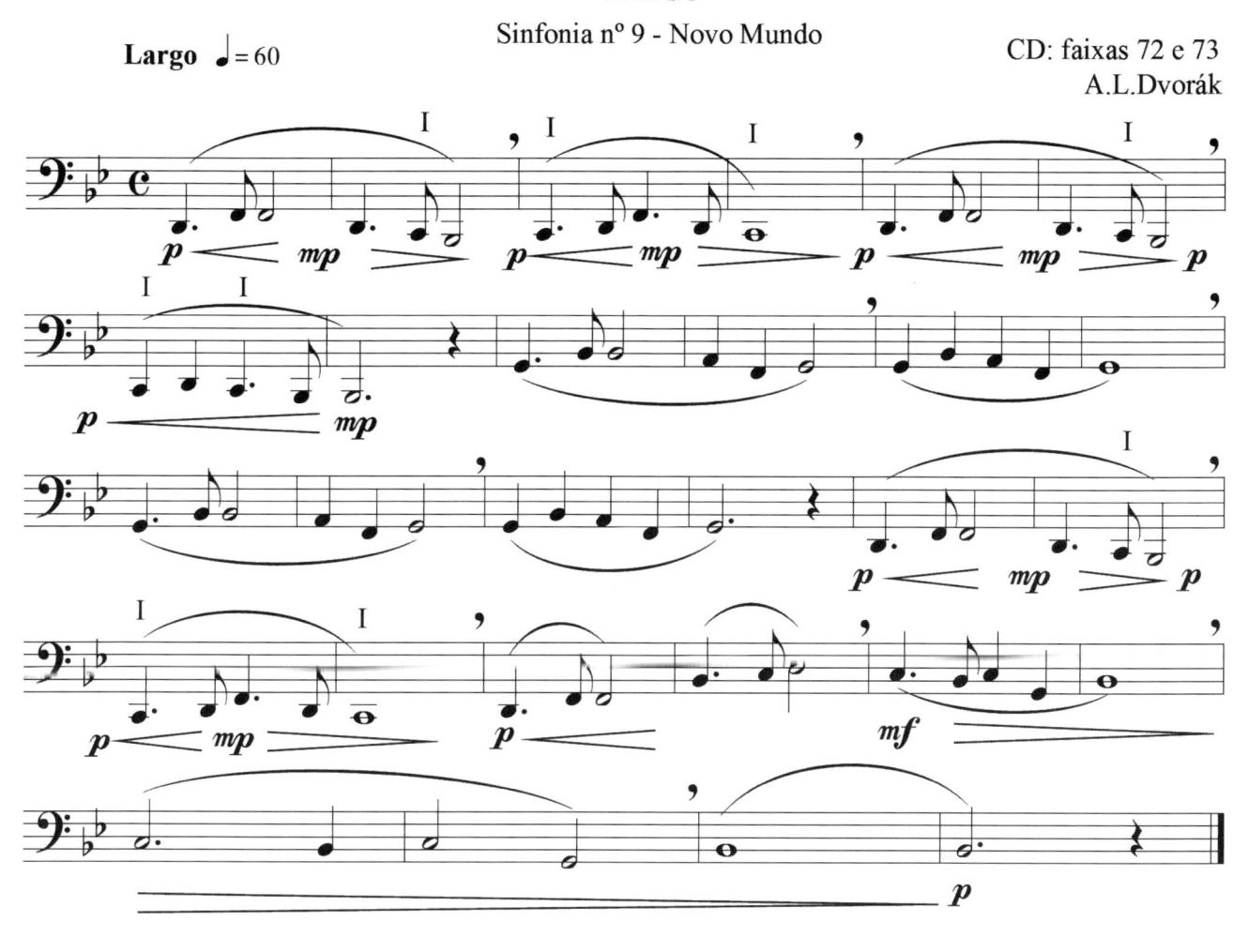

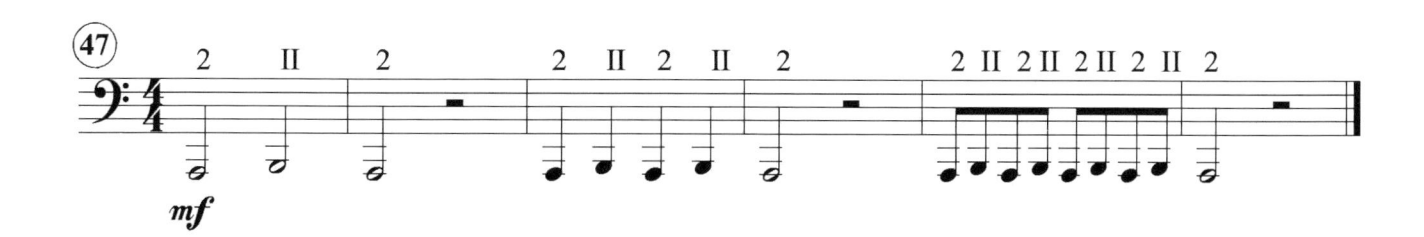

NESTA RUA

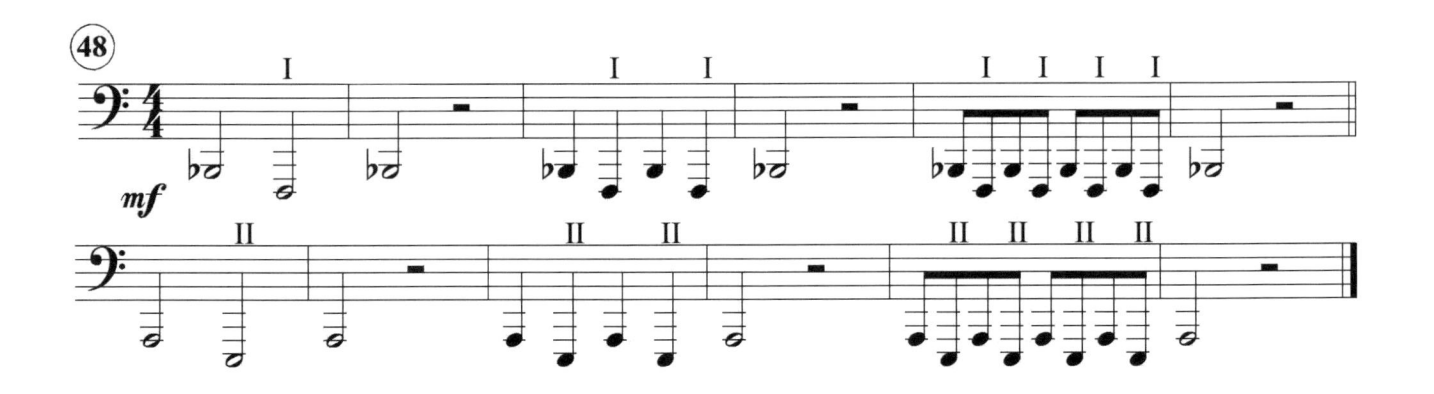

CD: faixas 74 e 75
Melodia tradicional brasileira

THE HAPPY FARMER
O Fazendeiro Feliz

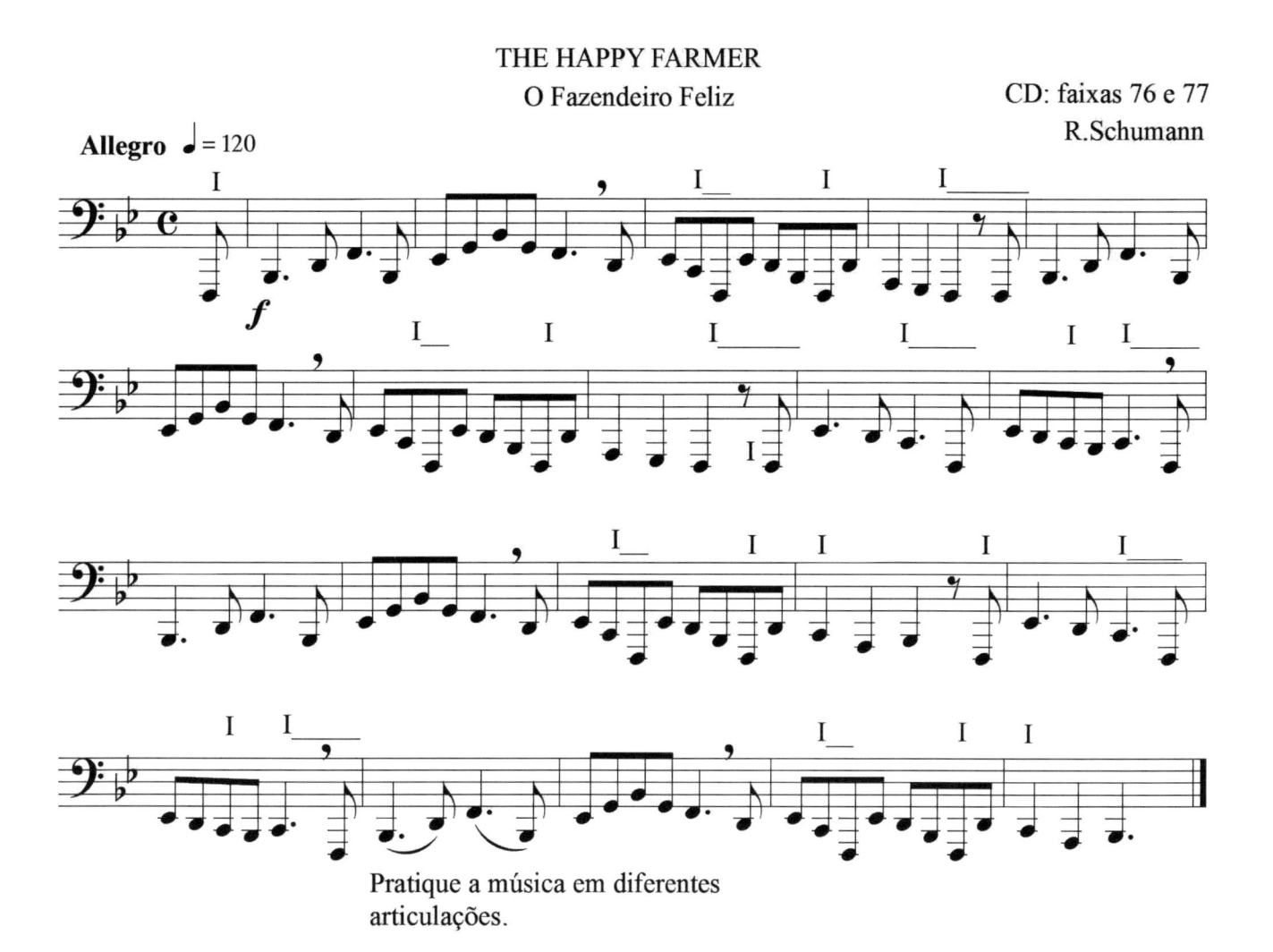

CD: faixas 76 e 77
R. Schumann

Allegro ♩ = 120

Pratique a música em diferentes articulações.

Ó ABRE - ALAS

CD: faixas 78 e 79
Chiquinha Gonzaga

♩ = 112

ESCALA ASCENDENTE E DESCENDENTE DE MIb MAIOR

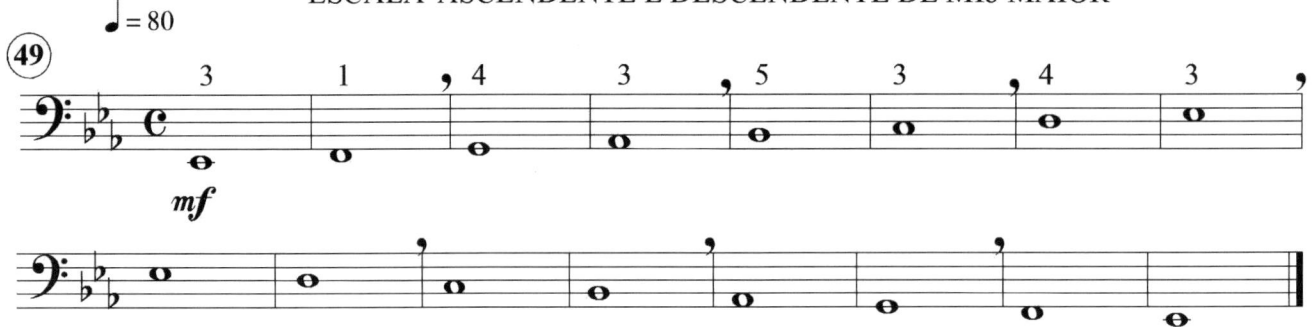

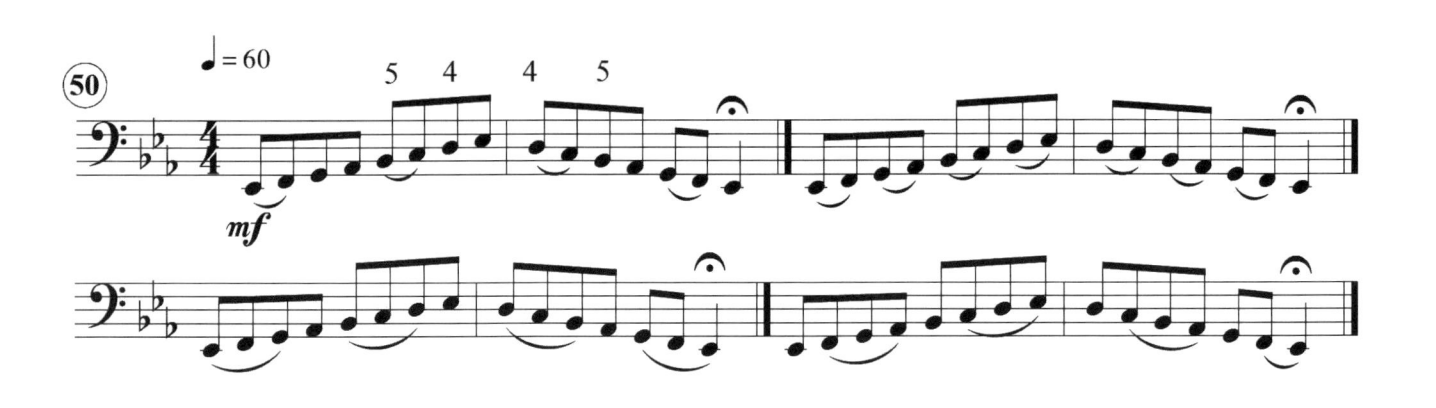

EXERCÍCIO DE RITMO III - 6/8 e 6/4

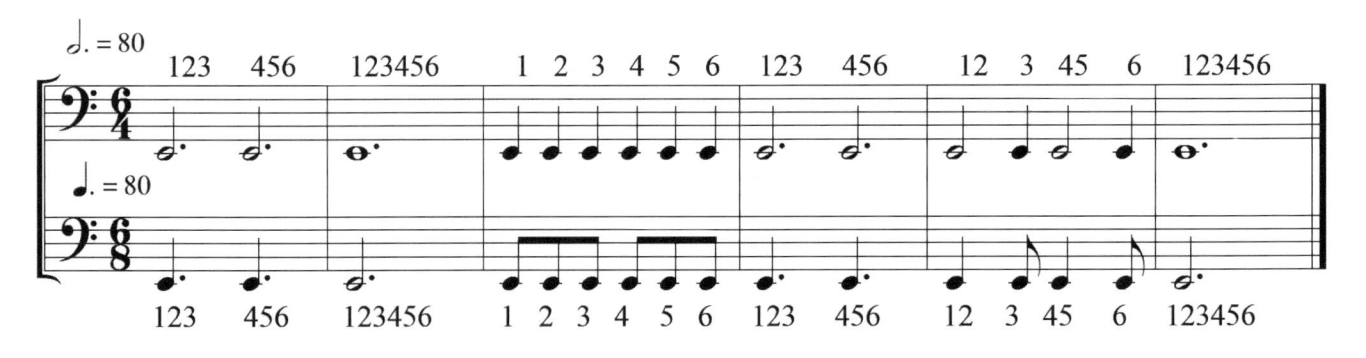

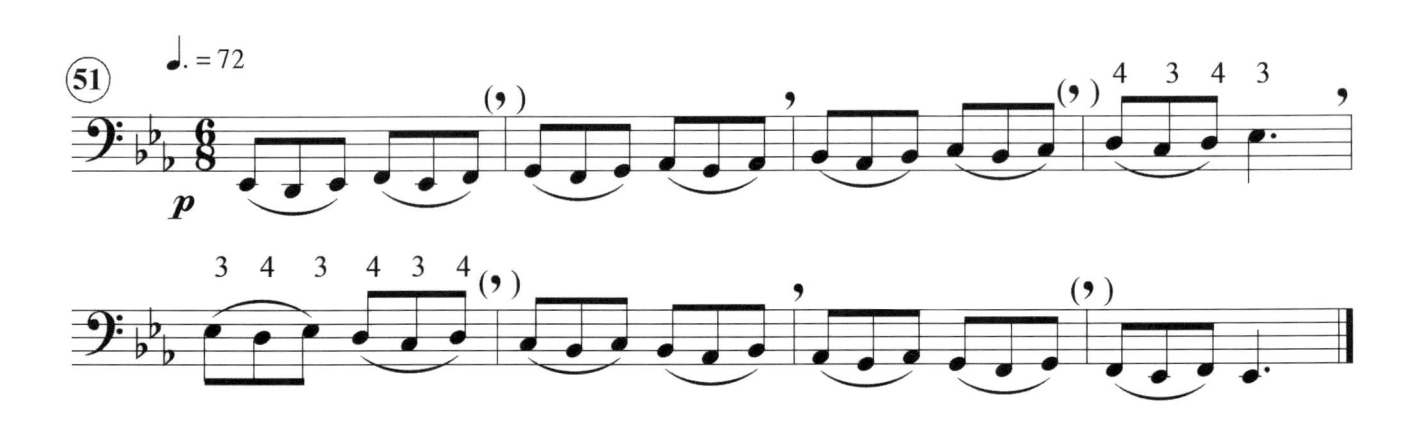

FINLÂNDIA

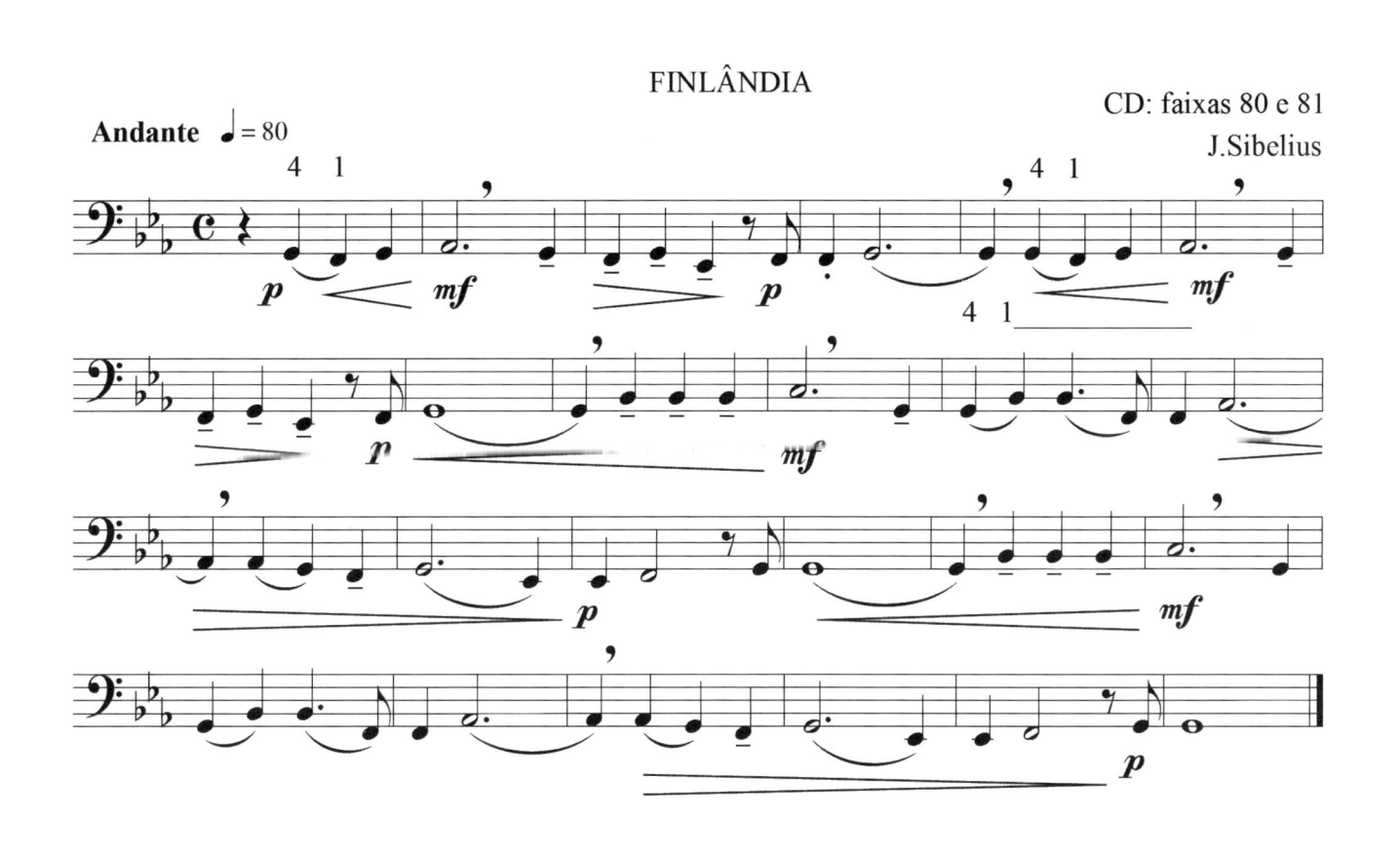

CD: faixas 80 e 81
J.Sibelius

Andante ♩= 80

COMPOSIÇÃO III

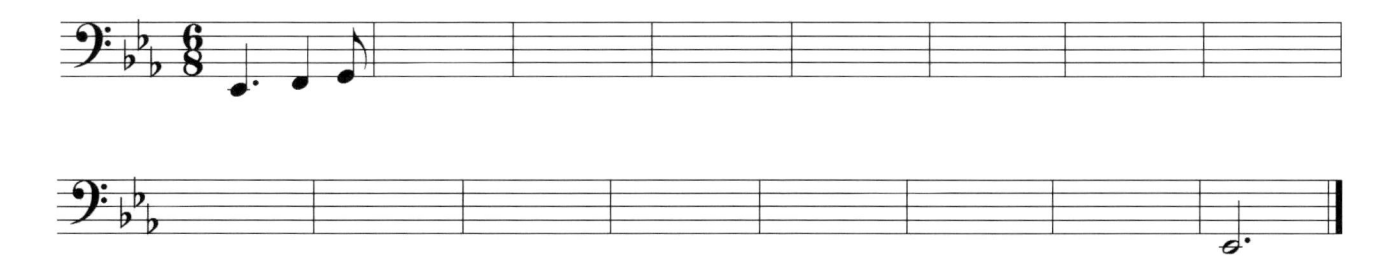

THE SWAN
O Cisne

from Carnival of the Animals
Carnaval dos Animais

CD: faixas 82 e 83
C. Saint-Saëns

Andante grazioso ♩ = 80

ESTUDO IV

CD: faixa 84
Lélio Alves

ESCALA ASCENDENTE E DESCENDENTE DE SOL MAIOR

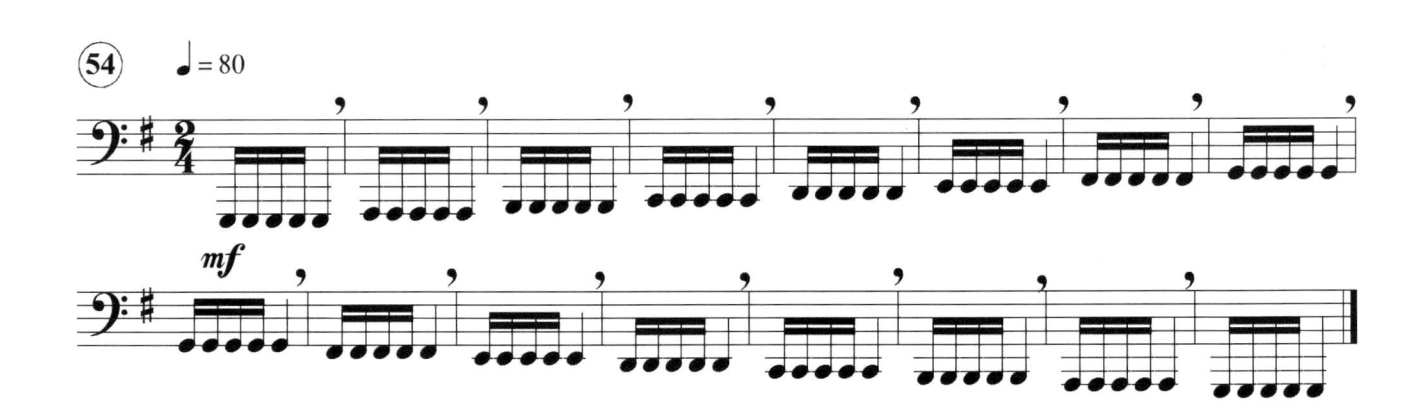

EXERCÍCIOS DE RITMO IV - SEMICOLCHEIAS

EXERCÍCIOS DE RITMO V - QUIÁLTERAS

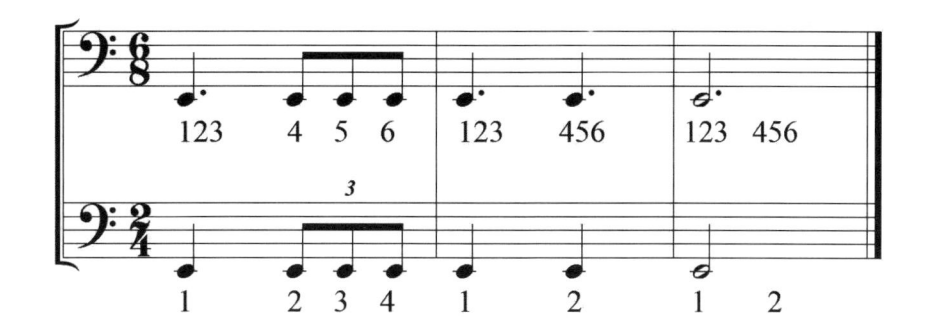

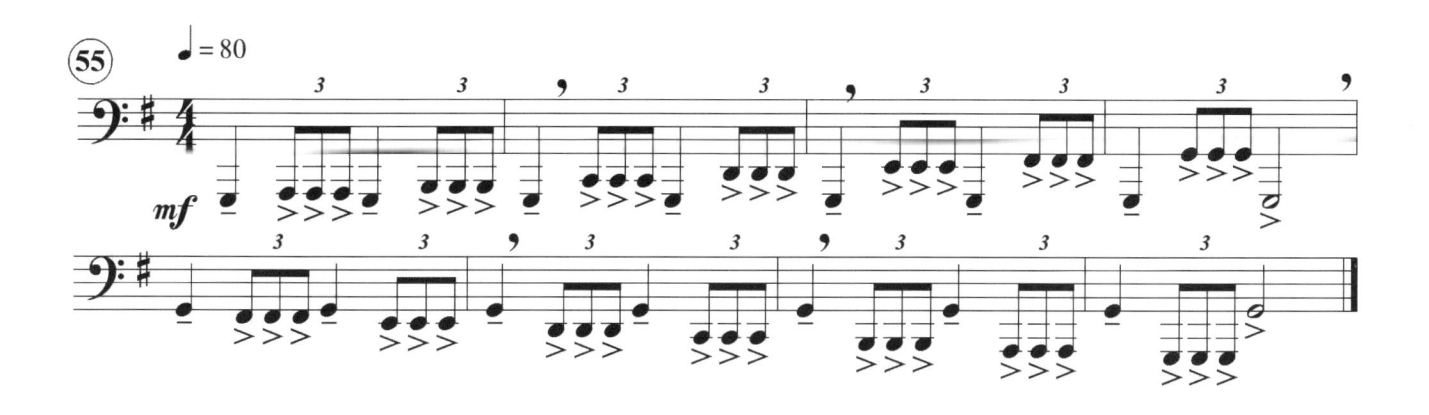

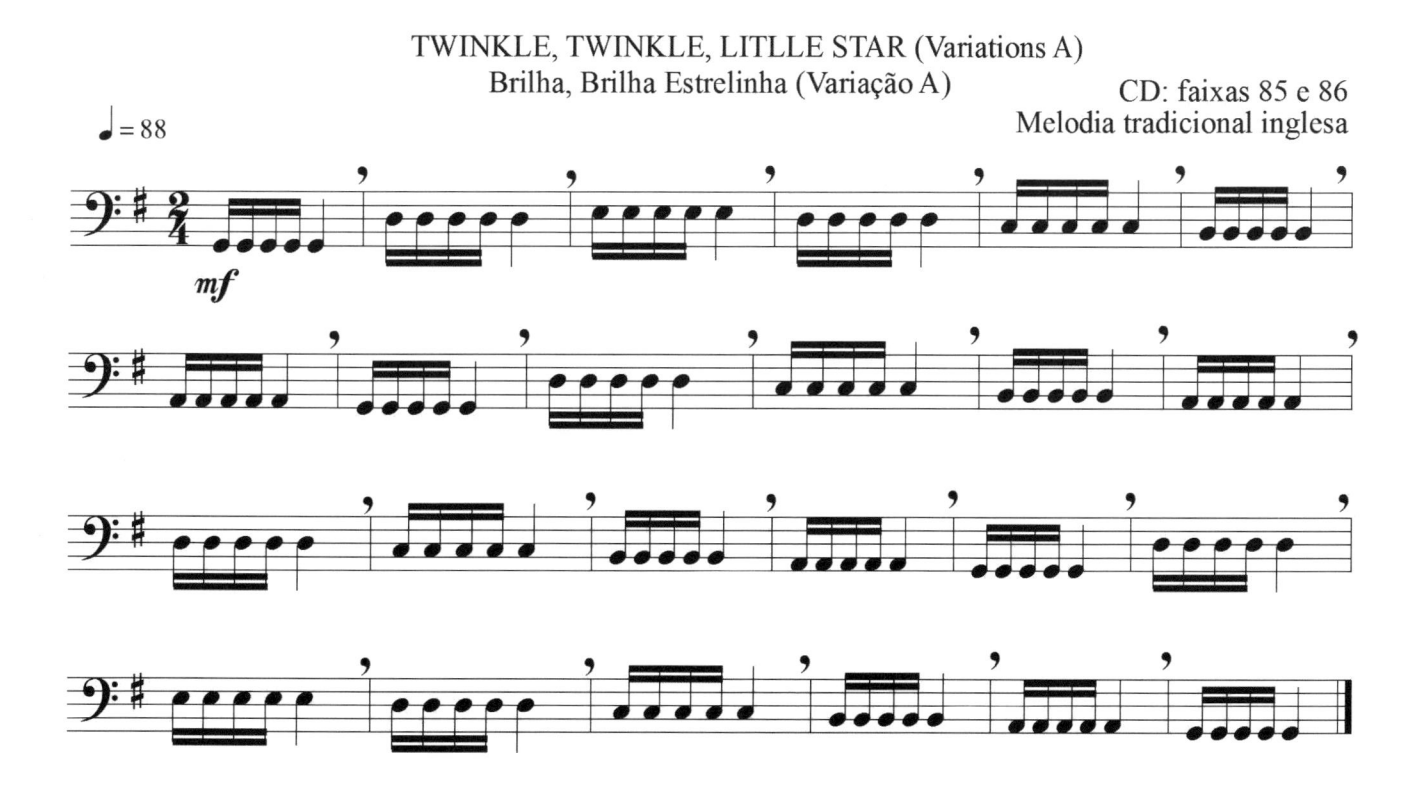

TWINKLE, TWINKLE, LITLLE STAR (Variations A)
Brilha, Brilha Estrelinha (Variação A)

CD: faixas 85 e 86
Melodia tradicional inglesa

A CANTIGA DE RODA
Quadrilha
Adptado do Guia Prático de Villa-Lobos

DUETO

♩. = 85

LE CABRIOLET
O Conversível

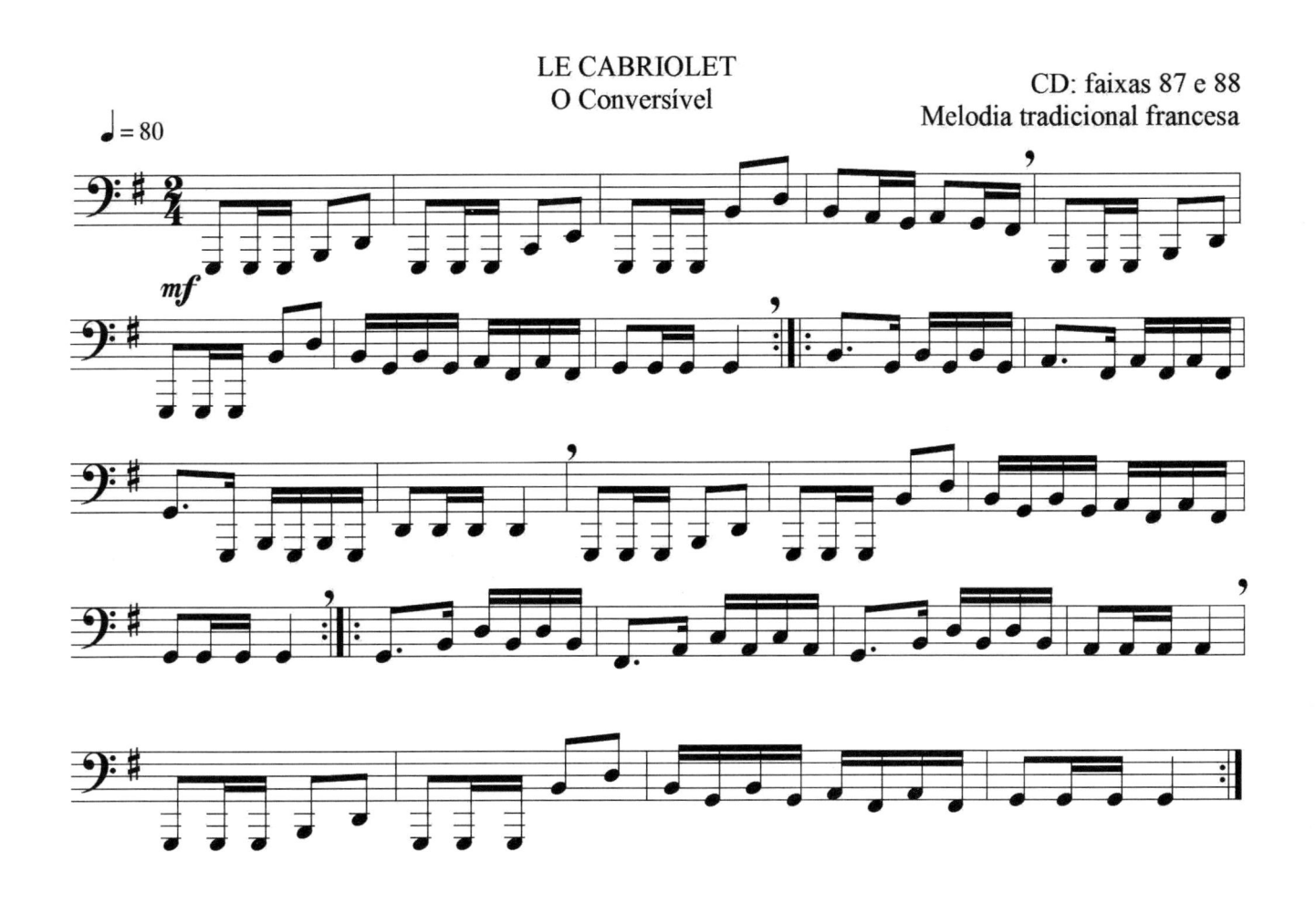

CD: faixas 87 e 88
Melodia tradicional francesa

PILGRIM'S CHORUS from TANNHAUSER
Coro dos peregrinos de Tannhauser

CD: faixas 89 e 90
R. Wagner

LUA BRANCA

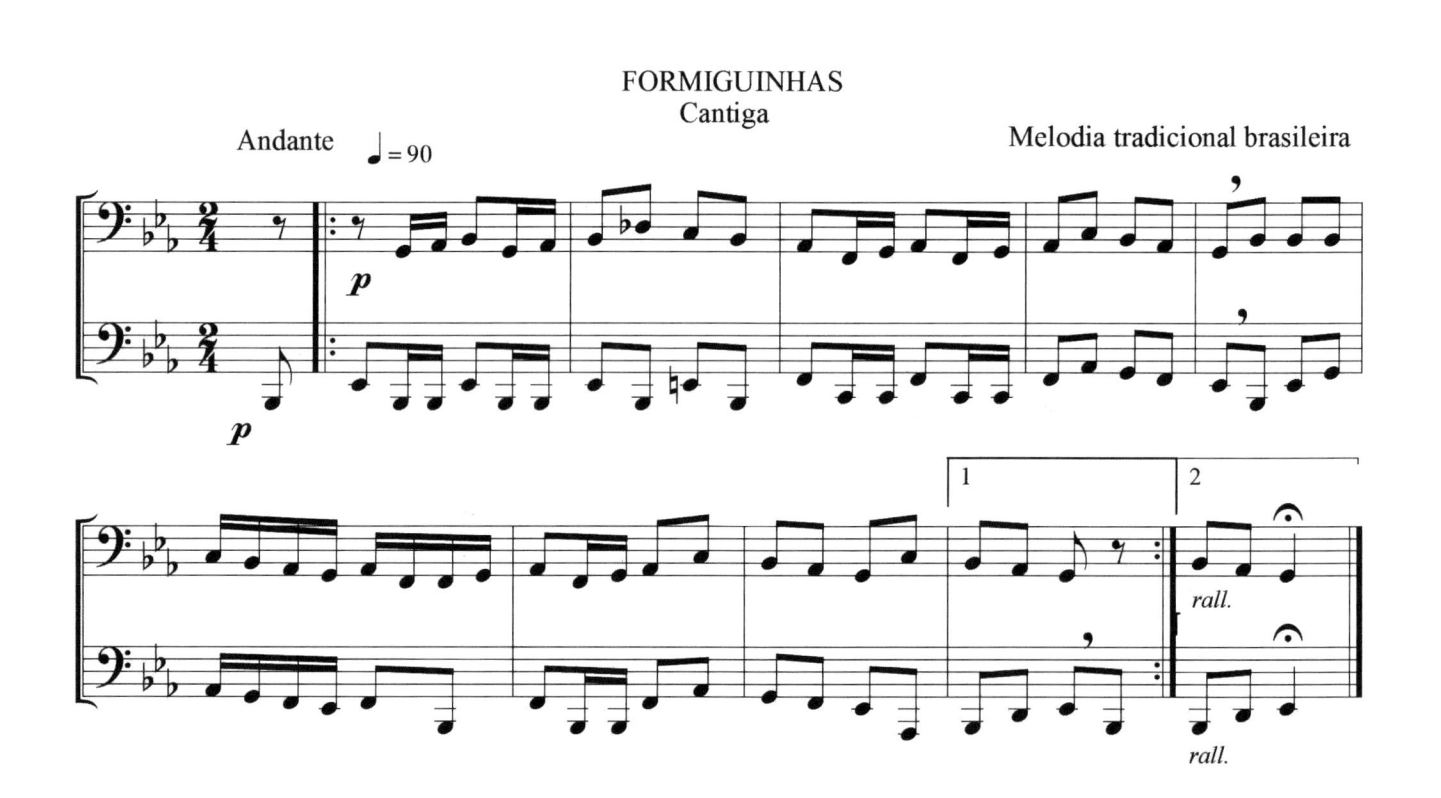

Lento ♩=30 ou ♪=60

CD: faixas 91 e 92
Chiquinha Gonzaga

FORMIGUINHAS
Cantiga

Andante ♩=90

Melodia tradicional brasileira

POSIÇÕES - TUBA EM SI♭

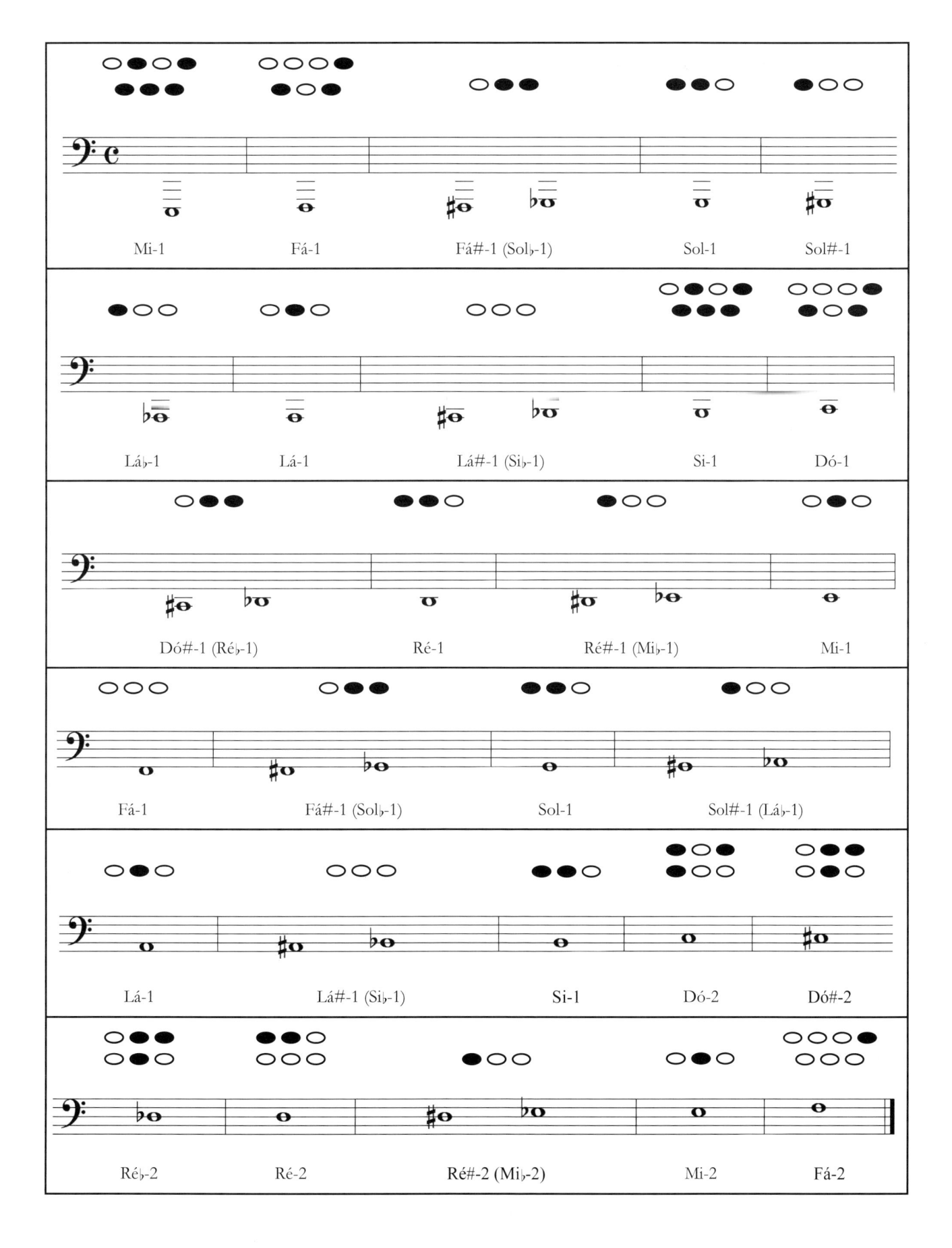

| Mi-1 | Fá-1 | Fá#-1 (Sol♭-1) | Sol-1 | Sol#-1 |

| Lá♭-1 | Lá-1 | Lá#-1 (Si♭-1) | Si-1 | Dó-1 |

| Dó#-1 (Ré♭-1) | Ré-1 | Ré#-1 (Mi♭-1) | Mi-1 |

| Fá-1 | Fá#-1 (Sol♭-1) | Sol-1 | Sol#-1 (Lá♭-1) |

| Lá-1 | Lá#-1 (Si♭-1) | Si-1 | Dó-2 | Dó#-2 |

| Ré♭-2 | Ré-2 | Ré#-2 (Mi♭-2) | Mi-2 | Fá-2 |

POSIÇÕES - TUBA EM DÓ

Embora a nossa proposta seja direcionada para a tuba em Si♭, optamos por apresentar também as posições para iniciação de músicos que possuam tuba em Dó.

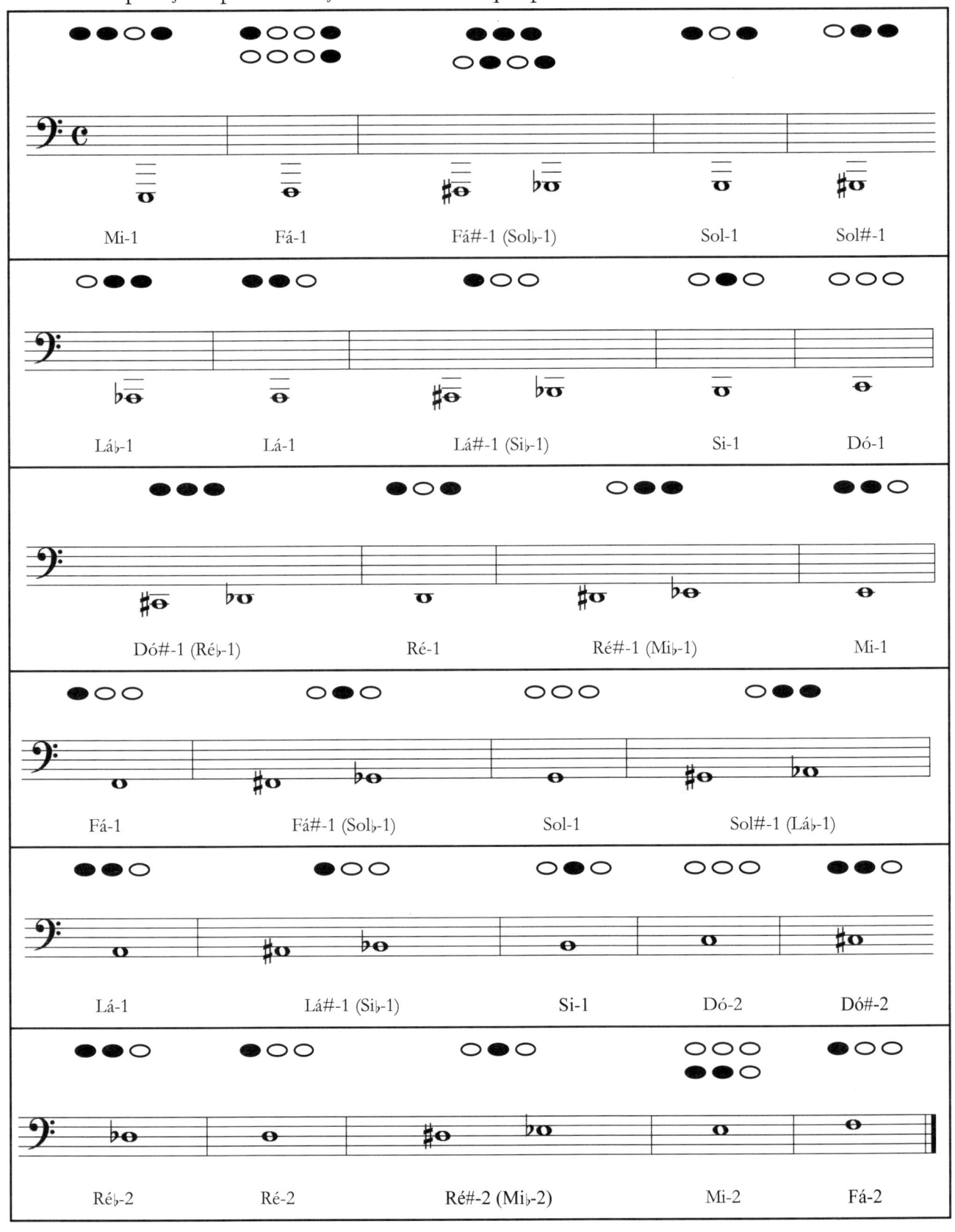

Mi-1	Fá-1	Fá#-1 (Sol♭-1)	Sol-1	Sol#-1
Lá♭-1	Lá-1	Lá#-1 (Si♭-1)	Si-1	Dó-1
Dó#-1 (Ré♭-1)	Ré-1	Ré#-1 (Mi♭-1)		Mi-1
Fá-1	Fá#-1 (Sol♭-1)	Sol-1	Sol#-1 (Lá♭-1)	
Lá-1	Lá#-1 (Si♭-1)	Si-1	Dó-2	Dó#-2
Ré♭-2	Ré-2	Ré#-2 (Mi♭-2)	Mi-2	Fá-2